Peter Hahne · Leid

Peter Hahne

Leid

Warum lässt Gott das zu?

johannis

Bibliografische Information der Deutschen Nationalbibliothek
Die Deutsche Nationalbibliothek verzeichnet diese Publikation in der Deutschen Nationalbibliografie; detaillierte bibliografische Daten sind im Internet über http://dnb.d-nb.de abrufbar.

ISBN 978-3-501-05130-6

Bestell-Nr. 05130
5. Auflage 2008

Umschlagbild: Winfried Kuhn
Gesamtherstellung: St.-Johannis-Druckerei, Lahr/Schwarzwald
Printed in Germany 17041/2008

www.johannis-verlag.de

Inhalt

Leid ohne Trost? 7

Ein Schrei durch die Nacht 9

Wo war Gott am Dienstag? 11

Mein Gott, warum? 14

Hat Schiller sich geirrt? 17

Ist Gott tot? 18

Atheismus als Trugschluss 21

Der angeklagte Gott 23

Der autonome Mensch 24

Gott als Alibi 26

Leid und Tränen – wo ist der liebe Mensch? 28

Die Emanzipation von Gott 31

Jenseits von Eden 34

Die Hölle auf Erden 36

Abschied vom »lieben Gott« 37

Gott spielt mit offenen Karten 39

Die heimliche Anklage 43

Wenn aus dem »Warum« ein »Wozu« wird 45

Ein Teppich namens Leben 50

Nach vorne denken 52

Der Blickwechsel 56

Jesus ist immer noch größer 61

Wie Gott tröstet 64

Jesus genügt 66

Singen Christen immer Halleluja? 69

Geborgen in Gottes Hand 74

Wenn Diamanten funkeln sollen 76

Auge in Auge mit Jesus 79

Überraschende Prozesswende 85

Trost im Leid 92

Leid ohne Trost?

Warum das Leid? Diese uralte Frage stellt sich immer wieder neu. Katastrophen und Kriege, Trauer und Tränen, Kummer und Schmerzen, Elend und Not, Verzweiflung und Enttäuschungen: Die Frage nach dem Leid will nicht verstummen. Jeder ist betroffen. Auch Christen. Leid und Schmerz gehören zu den grundlegenden Erfahrungen des Lebens.

Die Frage nach Gott im Leid dieser Welt schreit zum Himmel. Atheisten und Christen – sie alle bewegt dieses Thema. Überall ist es zu hören: »Wie kann Gott das nur zulassen?« – »Wo ist denn Gott in all dem Leid?« – »Das soll ein Gott der Liebe sein …?« Das wühlt uns auf. Das geht an den Lebensnerv.

Hier gibt es keine Patentantworten. Vorschnelle Rezepte werden dem Problem nicht gerecht. Auch die fromme Antwort kommt einem nicht mehr über die Lippen, wenn man selbst von Leid betroffen ist.

Stehen wir mit unserer Frage im Dunkeln? Gibt es keine Antwort? Denn das hieße ja auch, es gäbe keinen Trost. Sind wir mit unserem Leid allein gelassen? Für jeden nachdenkenden Menschen stellt sich die Frage: Wozu das Leid? Was ist sein Sinn? Ja, hat es überhaupt einen Sinn?

Der folgende, zum Druck erweiterte Vortrag will Hilfestellung geben, die Frage nach dem Leid zu durchdenken. Es ist mein Wunsch, dass Christen Ermutigung erfahren. Und dass Menschen ohne Bindung an Jesus Christus bereit werden, in ihm den Tröster zu entdecken.

Peter Hahne

Ein Schrei durch die Nacht

13. Februar 1947. Der Nordwestdeutsche Rundfunk (NWDR) strahlt das inzwischen zur Legende gewordene Hörspiel von Wolfgang Borchert »Draußen vor der Tür« aus. Ein Werk, das später jede namhafte Bühne aufführen wird. An diesem Februarabend hören Millionen dieses Hörspiel, und sie sind alle tief betroffen.

Wolfgang Borchert, damals 26 Jahre alt, ist mit einem schweren Lungenleiden aus dem Krieg heimgekehrt. Sein Werk ist durchzogen von Angst und Warnungen davor, dass so etwas wieder geschehen könnte: die Hölle eines solchen Krieges. Er durchleidet diesen Krieg noch einmal. Er wendet sich in beschwörender Klage gegen Gott. In der Gestalt des Soldaten Beckmann stellt Borchert die Frage nach dem »lieben Gott«: »Wir haben dich gesucht, Gott in jeder Ruine, in jedem Granattrichter, in jeder Nacht. Wir haben nach dir gerufen, Gott; wir haben nach dir gebrüllt, geweint, geflucht. Wo warst du da, lieber Gott?« Er war nicht da, meint Borchert. Da waren nur Angst, Grauen und Entsetzen.

Der »liebe Gott« – eine Täuschung, eine Fata Morgana, eine Illusion. Borchert: »Wir kennen dich nicht mehr so recht. Du bist ein Märchenbuch, lieber Gott. Heute brauchen wir einen anderen. Weißt du, einen für unsere Angst, einen für unsere Not, einen ganz, ganz neuen Gott.« Der süßliche Glaube an einen altväterlichen »lieben Gott« ist maßloser Enttäuschung gewichen. Dieser Glaube hat Federn lassen müssen im Feuer der Kriege und Katastrophen.

Borchert lässt den Soldaten Beckmann schreien: »Wo warst du eigentlich, als die Bomben brüllten? Warst du lieb, als von meinem Spähtrupp elf Mann fehlten? Elf Mann zu wenig, lieber Gott. Und du warst nicht da, lieber Gott! Die elf Mann haben gewiss laut geschrien in dem einsamen Wald, aber du warst nicht da. Einfach nicht da, lieber Gott. Warst du in Stalingrad lieb, lieber Gott? Warst du da lieb? Wie? Wann warst du eigentlich lieb, Gott wann? Wann hast du dich jemals wirklich um uns gekümmert?«

Dieser Schrei ging durch die Nacht. Und Wolfgang Borchert schrie damals nicht nur für sich. Er schrie und klagte für Millionen Menschen, die Gott mit Stalingrad, Auschwitz und Dachau nicht in Einklang bringen können. Er schrie stellvertretend für Millionen Menschen, die heute klagen: »Vietnam und Biafra, Kriege und Katastrophen, Not und Elend – Gott wo bist du denn? In den Löchern von Stalingrad, in den Straßen von Vietnam, in den Bergen von Afghanistan, in den Hütten von Kalkutta, in den Arbeitslagern Nordkoreas ... wo ist denn da Gott?«

Wo war Gott am Dienstag?

Es schreit in dieser Welt: Warum dieses Töten und Morden? Warum der Terror? Was ist los mit dieser Welt? Woher kommt das alles? Wo ist Gott? Die Frage ist groß und furchtbar.

Der Kabarettist Dieter Hildebrandt sagt in einem Interview Mitte 1986 bei seinem 60. Geburtstag: »Ein Gott, der Auschwitz und Buchenwald zulässt, ist für mich unvorstellbar. Oder er ist der Teufel.« Fußballmanager Udo Lattek trat aus der Kirche aus, nachdem sein 15-jähriger Sohn an einer schweren Krankheit gestorben ist. »Mit einem Gott, der den unschuldigen Menschen so leiden lässt, möchte ich nichts mehr zu tun haben«, meint er.

Am 11. Juli 1987 begann in Bayern ein großer Polizeieinsatz. Man hat Abschiedszeilen eines Unbekannten in einem Kirchenbuch der Wallfahrtskirche »Maria Trost« gefunden und eine Suchaktion in Bewegung gesetzt. Warum? In der Kirche stand im Besucherbuch eingetragen: »Warum ist diese Welt so unvollkommen und schrecklich? Warum lässt Gott das Leid zu? Gott, gib mir Kraft, dass ich mich töten kann.«

Viele von uns quält doch diese Frage: »Wo ist Gott in all dem Elend dieser Welt?« Warum sind die einen bettelarm und die anderen steinreich?

Warum verhungern Millionen in der Dritten Welt, während die Menschen in den Industriestaaten Diäten erfinden, um sich nicht zu überfressen am Überfluss? Warum? Während sich die einen lauthals amüsieren, beenden andere still und verzweifelt ihr Leben. Warum? Warum ist ein Teil der Welt frei, während auf der anderen Hälfte die Menschen unter der Knute brutaler Diktatoren leben müssen? Warum sind die einen sterbenskrank und die anderen kerngesund? Warum sind es immer dieselben Teile der Erde, die von Naturkatastrophen heimgesucht werden? Warum?

Warum müssen die einen die Last kranker Kinder tragen und die anderen wissen nichts von Kummerkindern? Warum die sinnlosen Unfälle und Katastrophen? Warum dort ein viel zu früher Tod und da ein qualvolles Siechtum in hilflosem Alter? Warum? Warum fallen Flugzeuge vom Himmel und rollen Lawinen ins Tal? Für viele scheint der Globus ein riesiges Knäuel an Sinnlosigkeit.

Ich werde nie vergessen, wie im Mai 1971 die Rundfunkprogramme unterbrochen wurden, als uns die schreckliche Nachricht von dem grauenhaften Zugunglück im westfälischen Radevormwald erreichte. Die Klassen 9b und 9c der Geschwister-Scholl-Hauptschule haben mit ihren Lehrern einen Tagesausflug nach Bremen gemacht. Auf der abendlichen Rückfahrt sind sie in Wuppertal in einen Sonder-Schienenbus gestiegen. Die Eltern warten bereits am Heimatbahnhof auf die Ankunft der Kinder. Aber kurz vor dem Ziel, in einer scharfen Kurve der eingleisigen Bahnstrecke, stößt der Personenzug mit einem entgegenkommenden Güterzug zusammen. Die 63 Tonnen schwere Diesellokomotive drückt den Triebwagen auf ein Drittel seiner Länge zusammen. So groß ist die Wucht des Aufpralls!

46 Menschen kommen ums Leben, darunter 41 Schüler. 25 Kinder werden schwer verletzt. Eines der größten Zugunglücke in der deutschen Eisenbahngeschichte. Die Hälfte des Schülerjahrgangs 1956/57 in diesem bergischen Industriestädtchen ist ausgelöscht. Der Onkel eines Jungen bekommt bei den Trauerfeierlichkeiten auf dem Friedhof am offenen Grab seines Neffen einen tödlichen Herzanfall. Auf einem der über 40 Grabsteine steht nur ein einziges Wort: »Warum?« Warum – vielleicht sind das die quälendsten fünf Buchstaben, die es überhaupt gibt. Nur fünf Buchstaben, und sie sind hineingraviert in unser Leben: Warum?

Es ist der 7.7.87, Dienstagabend, 21 Uhr. Die kleine hessische Stadt Herborn will schlafen gehen. Da zerreißt eine gewaltige Detonation die Idylle. Plätze und Straßen werden zum Flammenmeer. Menschen rennen schreiend um ihr Leben. Ein Tankwagen ist die Bundesstraße 225 mit ihren acht Prozent Gefälle mitten in die City hineingerast. Bremsen und Getriebe versagen. Der Wagen schleudert, kippt zur Seite und rast mit seiner hochexplosiven Fracht ins Eiscafé »Rialto«. Von den 40 Gästen können sich die meisten noch in Sicherheit bringen. Fünf Menschen kommen in dem lodernden Inferno um. Bei der Beerdigung der 20-jährigen Pia fragt der Pfarrer stellvertretend für viele: »Wo war Gott am Dienstagabend? Warum hat er das zugelassen?«

Mein Gott, warum?

Da verliert ein Pfarrer seine junge Frau. In sein inzwischen veröffentlichtes Tagebuch schreibt er: »Meine geliebte Frau liegt aufgebahrt vor mir. Nur 28 Jahre währte ihr Leben. Nein, jetzt fließen keine Tränen. Ich lächle sie etwas verhalten an, als wollte ich ihr sagen: Du warst eine liebe Frau, ich hätte mir keine bessere wünschen können. An meiner Seite steht unsere fünfjährige Manuela. Sie hat ihre Mama nie gesund erlebt. Matthias, unser achtjähriger Bub, hat in diesem schweren Augenblick des Abschiednehmens nach der Hand der Oma gegriffen.

Dann stehen wir am offenen Grab. Der Pfarrer

spricht die Worte: ›Nachdem es dem allmächtigen Gott gefallen hat, unsere Schwester aus diesem Leben abzuberufen, legen wir ihren Leib in Gottes Acker, dass er wieder zu Erde werde, davon er genommen ist.‹ Oft habe ich diese Worte gesprochen. Heute gelten sie meiner lieben Frau. Und ich stehe mit 32 Jahren als Witwer am offenen Grab. Nun bin ich also wieder allein. Wie soll es weitergehen? Warum hat Gott uns das zugemutet? Warum hat er uns so früh auseinander gerissen? Warum?«

Viele könnten jetzt ihre persönliche Geschichte erzählen. Jeder ist betroffen. Als Angehöriger von Trauernden oder als Leidtragender selbst. Wenn einem der Ehepartner plötzlich von der Seite genommen wird. Wenn es an der Haustür klingelt oder das Telefon geht: »Kommen Sie schnell ins Krankenhaus, Ihr Sohn ist schwer verunglückt.« Am Arbeitsplatz fehlt plötzlich ein Kollege, der einem noch gestern so fröhlich von seiner jungen Familie erzählt hat. Oder wenn einem selbst schlagartig die Gesundheit genommen wird ...

Wir versuchen immer wieder, dem Leiden vorzubeugen, uns gegen das Leiden abzusichern. Aber in Wirklichkeit wissen wir genau, wie ohnmächtig und sinnlos solche Versuche sind. Die hochtrabenden Höhenflüge von Wissenschaft und Technik haben kein Gramm Leid aus dieser Welt weggeschafft. Hilflos stehen wir vor unheilbaren Krankheiten und unvorhergesehenen Katastrophen.

So ist es wahrhaftig nicht altmodisch, verschroben oder fromm versponnen, wenn unsere Väter in den alten Kirchenliedern vom »Jammertal Erde« sprechen. Es stimmt doch: Für viele sind Leben und Welt ein einziges Jammertal. Die Klage rund um den Globus will doch nicht verstummen. Das Anklagen hört nicht auf. Das Seufzen und Stöhnen nimmt kein Ende. Das Schreien der Gequälten erfüllt die Erde. Für viele ist diese Welt ein einziges Trauerhaus, das Leben ein Jammertal, jeder Tag eine neue Qual.

Hat Schiller sich geirrt?

Die Frage heißt doch: »Wie werde *ich* mit dem Leid fertig oder macht das Leid *mich* fertig?« Der Theologe Erich Schick beschreibt das »Doppelgesicht des Leidens« als »ungeheure Versuchung«. Es hat »die Macht der Erleuchtung und die Macht der Verfinsterung, die Möglichkeit der Stärkung wie der Schwächung; das schöpferische Vermögen, unbekannte Kräfte zu entbinden, wie die zerstörende Gewalt, lebendige Kräfte in nächtigen Bann zu schlagen.«

»Das soll ein Gott der Liebe sein?«, meinen viele spöttisch, höhnend, Gott verlachend. »Ihr redet von Gott – und der lässt das alles zu?« »Warum schweigt Gott denn zu dem allen? Würde er uns doch wenigstens eine Erklärung geben ...« Wir kennen doch diese bohrenden Fragen. Fragen, die auch in unserem eigenen Denken Raum gewinnen.

Friedrich Schiller dichtete in seinem »Lied an die Freude«, das Beethoven später vertonte: »Brüder, überm Sternenzelt muss ein lieber Vater wohnen.« Doch der Mensch von heute möchte am liebsten schreien: »Brüder, überm Sternenzelt kann kein lieber Vater wohnen.«

Philosophisch wird oft argumentiert: Wenn Gott gut ist, dann ist er nicht allmächtig. Er tut ja offensichtlich nichts gegen das Leid. Wenn er aber allmächtig ist, dann kann er nicht gut sein. Da es Leid und Elend in der Welt gibt, ist Gott entweder nicht gut oder nicht allmächtig. Oder er ist tot.

Ist Gott tot?

Die extremste Antwort auf die Frage nach dem Leid ist ja der Atheismus: Einen Gott, der Leid zulässt, kann es nicht geben. Da es aber Leid gibt, ist Gott tot. Es gibt keinen Gott. Der Himmel ist leer. Ich muss sagen: Welch ein entsetzlicher Gedanke! Dann wären die Menschen ja unter sich. Kaum auszudenken!

Ein Kollege sagte mir einmal: »Weißt du, ich bin Atheist.« Spontan habe ich geantwortet: »Da hätte ich dich aber für intelligenter gehalten.« Denn Atheismus, oft aufklärerisch-stolz proklamiert, ist letztlich pure Dummheit. Man kann doch in einer Welt, in die die transzendente Macht immer stärker eingreift, kein Atheist sein!

Dennoch habe ich mit dem Kollegen lange und ernst gesprochen. Denn seine stolze Feststellung »Ich bin Atheist« hat ja noch ganz andere, fatale Folgen: »Du ahnst ja nicht, was du da sagst. Denn wenn Gott wirklich tot wäre, bedeutete dies ja: Über uns nichts, neben uns nichts, unter uns kein Fundament ... Wir Menschen allein gelassen. Völlig allein untereinander. Das ist der schrecklichste Gedanke, den es überhaupt gibt.« Der große Nobelpreisträger und Naturwissenschaftler Werner Heisenberg hat gesagt: »Erstmals in der Geschichte der Menschheit steht der Mensch nur noch sich selbst gegenüber. Er kann nicht mehr zum Himmel blicken.« Eine schreckliche Vorstellung: Der Mensch ohne Gott. Der Lateiner sagt: »Homo homini lupus est« – der Mensch ist dem Menschen ein Wolf. Spricht da nicht auch unsere heutige Realität Bände?! Gott erklärt man für tot – die Menschen bleiben unter sich – schrecklich!

»Warum lässt der Gott das zu, von dem du redest?«

Dieser Verzweiflungsschrei eines Vaters ist mir heute noch im Ohr. Sein Sohn war mit dem Motorrad tödlich verunglückt. Jahre vorher war ihm der Bauernhof über dem Kopf abgebrannt. »Jetzt bin ich endgültig zu dem Entschluss gekommen, dass es keinen Gott geben kann. Ich bin Atheist. Ich kann an keinen Gott mehr glauben, sei er gut oder böse. Sollen denn das Zeichen seiner Freundlichkeit sein, dass er Todeskämpfe und Sonnenuntergänge, blühende Orchideen und dahinsiechendes Leben gleichzeitig zulässt?«

Genau das sind doch die Vorwürfe und Fragen vieler denkender Menschen: Wenn Gott wirklich

Gott ist, muss er doch allmächtig sein! Wo zeigt sich denn seine Allmacht? In den Kriegen und Ungerechtigkeiten dieser Welt? Wo ist der allmächtige Gott in den Hungersnöten und dem Elend dieser Welt? Warum macht er kein Ende mit dem Betrug und der Krankheit? Warum setzt Gott – wenn er doch allmächtig ist – diesem Chaos kein Ende?

»Falls er uns liebt, wie es die Bibel verspricht, warum lässt Gott dann das ganze Elend nicht verschwinden und erschafft eine bessere Welt?«, meinte der verzweifelte Vater. Es stimmt: Gerade angesichts dessen, dass Gutes und Böses miteinander existieren, werden so viele zu Atheisten und leugnen die Realität Gottes. Ist Gott wirklich tot?

Atheismus als Trugschluss

Überraschend schreibt nun gerade ein Naturwissenschaftler, dass nach dem Maßstab der Bibel (z.B. Römer 1,19 u. 20) »ein Blick auf das Universum für jeden Menschen von durchschnittlicher Intelligenz genügen sollte, um von der Existenz Gottes überzeugt zu werden« (Prof. Wilder Smith). Denn selbst die »zerstörte Schöpfung« offenbart noch genug von der Existenz des Schöpfers.

Ein Bild soll helfen: Nehmen wir den Kölner Dom. Ein großartiges gotisches Bauwerk. Wer davorsteht, erkennt etwas von der mathematisch-statischen Leistung und der hohen künstlerischen Begabung von Architekt und Baumeister. Die Struktur des Domes zeigt zweifellos etwas von dem hohen schöpferischen Geist, der dahintersteht.

Nun stellen Sie sich einmal vor, jemand betrachtet den Kölner Dom im Jahre 1940. Nach fünf Jahren kehrt er zurück. Die schweren Luftangriffe des Zweiten Weltkrieges haben aus dem prächtigen Bauwerk eine riesige Trümmerlandschaft gemacht. Allein die Türme stehen noch. Das Kirchenschiff ist eine einzige Ruine; Dach, Glasfenster, Orgel und Mauerwerk sind zerstört. Jetzt müssen wir fragen: Käme jemand auf die

Idee, angesichts dieses Trümmerfeldes an der Existenz des Baumeisters zu zweifeln? Ein absurder Gedanke! Mitten in den Ruinen deuten die Überreste auf die frühere Schönheit des Gebäudes und die Genialität des Architekten hin. Niemand würde auch die Erbauer beschuldigen, bewusst eine Ruine konstruiert zu haben. Im Gegenteil: Im Blick auf das Bild der Verwüstung, einer Mischung aus Chaos und übrig gebliebener Ordnung, sind sowohl die Existenz eines Architekten als auch die charakteristischen Merkmale des dahinterstehenden Schöpfergeistes zu erkennen.

Bei allen Widersprüchen in der Natur steht hinter dem Gebäude der Schöpfung der Schöpfer. Und selbst im Trümmerfeld dieser Welt ist die wirkliche Absicht des »Erbauers« noch deutlich zu erkennen. Es ist, wenn man nur zu vorurteilsfreiem Denken bereit ist, leicht, zwischen geplanter Absicht und der dazwischengetretenen Unordnung zu unterscheiden. Die Lehre des Römerbriefes (Kapitel 1) ist augenfällig: Selbst die gefallene Schöpfung offenbart noch genug Hinweise auf die Existenz Gottes. Atheismus als Folge der chaotischen Unordnung in der Schöpfung ist demnach ein intellektueller Trugschluss.

Wenn Gott also da ist, wenn er tatsächlich existiert, wieso lässt er dann das alles zu? Warum dann Leid und Tränen auf der Welt? Warum greift er nicht ein?

Der angeklagte Gott

Zunächst muss man nüchtern feststellen: Diese Frage ist, logisch bewertet, grundsätzlich falsch. Stellen wir uns einen Gerichtssaal vor. Auf dem Richterstuhl sitzt Frau Müller, Herr Schulze oder Peter Hahne. Auf der Anklagebank sitzt Gott. Und dann sagen wir: »Angeklagter Gott, wie kannst du das zulassen? Warum schweigst du? Willst du etwa ein Gott der Liebe sein?« Einen Gott, der auf der Anklagebank sitzt, während wir Menschen auf dem Richterstuhl Platz nehmen, gibt es nicht. Das wäre ein Weihnachtsmann, aber kein Gott. Wenn Gott wirklich Gott ist – und wer nach der Gerechtigkeit Gottes fragt und seine Liebe einklagt, der will ja wohl einen Gott haben, der Macht hat, das Leid zu beenden –, dann muss er allmächtig sein. Ist er aber allmächtig, so ist er souverän, nicht hinterfragbar und erst recht nicht anklagbar.

Gott könnte uns also höchstens erklären, warum dieses oder jenes so ist. Aber anklagen lässt sich Gott nicht. Sonst wäre er kein Gott. Somit ist eine Anklage gegen Gott vom logischen Denken her völlig unmöglich. Sie wäre ein Widerspruch in sich. Wer Gott zur Rechenschaft ziehen will, der ist an der falschen Adresse. »Ja, lieber Mensch, wer bist du denn, dass du mit Gott rechten willst?« (Römer 9,20).

Angesichts von Leid und Tränen geht ein gellender Chor um den Globus: »Wie kann Gott so etwas zulassen?« Aber ist es denn überhaupt Gott, der auf die Anklagebank gehört? Hebt er denn das Gewehr und drückt ab? Steuert er den Welthandel, in dem die einen den Überfluss vernichten und die anderen an Unterernährung sterben? Ist Gott es, der zum eigenen Vorteil an der Karriereleiter des anderen sägt? Säuft er sich zu Tode und ruiniert damit Frau und Kinder? Gott?

Der autonome Mensch

Wir Menschen sind es doch, die stolz darauf sind, diese Welt mündig und eigenverantwortlich zu gestalten. Wir sind es doch, die Politik und Wirtschaft, Technik und Wissenschaft machen. Wir sind es doch, die nach unseren eigenen Werten, Maßstäben und Gesetzen leben wollen – autonom und unabhängig! Warum sind wir eigentlich so verlogen doppelzüngig? Den Erfolg buchen wir auf unser Konto, während wir Unrecht, Leid und Tränen Gott anlasten.

Das ist doch genau der Widerspruch, in dem wir alle leben, wenn wir ehrlich sind. Wenn es uns gut geht, wenn wir es zu etwas gebracht haben, die Sonne uns scheint und das Glück lacht, dann sind *wir* es natürlich gewesen. Geht es uns aber schlecht, dann machen wir Gott dafür verantwortlich. Die Fortschritte listen wir als große Erfolge der Menschen auf und verleihen stolz Friedensnobelpreise und heften uns Orden an die Brust. Wenn aber das Unrecht die Welt zerreißt und in Kriegen Ströme von Blut und Tränen fließen, dann will es keiner gewesen sein. Dann heißt es: »Wie kann Gott das nur zulassen ...«

Wenn es nicht so schrecklich einfach wäre ... Gott hat uns gesagt, dass wir unser Leben und diese Welt zerstören, wenn wir seine Gebote missachten. Darüber hat der Mensch nur gelacht. Gottes Gebote bekamen den Stempel »weltfremd«. So sind es unsere eigenen Maßstäbe, an denen wir uns orientieren. Gott wird schlichtweg ausgeklammert. Ganz wollen wir auf ihn natürlich nicht verzichten. Als Verzierung familiärer Feste soll er uns herhalten, zur religiösen Beweihräucherung soll er uns dienen, zur Sentimentalität und – zum Sündenbock.

Wir setzen Gott auf die Anklagebank, wenn es schief geht. Denn wenn Leid und Unheil angerichtet sind, dann will es von uns Menschen niemand gewesen sein. Ein Soziologe spricht von der »Gesellschaft der Schuldlosen«. Niemand ist es gewesen. Einer schiebt es auf den anderen. Zuletzt steht Gott am Pranger.

Wenn wir die Frage nach Leid und Tränen stellen, dann müssen wir uns allerdings auch diesen Aspekt gefallen lassen: In vielen Fällen muss nämlich der Spieß umgedreht werden. Statt der Anklage »Wie kann Gott das zulassen?« müsste es meist richtiger heißen: »Wie kann der *Mensch* das zulassen?« Sollten wir nicht erstmal fragen: »Wozu bin ich eigentlich fähig? Was tue ich alles in Gedanken, Worten und Werken? Was muss sich bei mir ändern? Wer bin ich eigentlich, der ich an einer so grauenhaften Welt mitgestalte? Was kann ich tun, damit sich Menschen und Verhältnisse ändern?« Eine alte chinesische Weisheit sagt: »Es ist besser, ein Licht anzuzünden, als die Dunkelheit zu beschimpfen.«

Gott als Alibi

Es ist bei einer Diskussionsrunde. Man spricht über Gott und die Welt – gemütlich in Sesseln und Sofas. Einer kommt auf die Probleme der Dritten Welt zu sprechen. Jeder hat empört und erschüttert etwas beizusteuern: Kindersterben in der Sahelzone, Rassenkonflikte in Südafrika, das Elend von Eritrea ... Und da entfährt es einer Gesprächsteilnehmerin, Teetasse in der Hand und Beine übereinander geschlagen: »Wie kann Gott das nur zulassen?«

Dabei ist mir aufgefallen: Viele verwenden die anklagende Frage nach der Gerechtigkeit Gottes, obwohl sie selber von Not und Elend gar nicht betroffen sind. Im Gegenteil: Sie betrachten die Probleme der Welt theoretisch und innerlich unberührt aus der distanzierten Vogelperspektive. Katastrophendiskussion beim Tee! Allzu oft habe ich den Eindruck, dass manche ganz froh sind, dass es diese Frage »Wie kann Gott das zulassen?« gibt. Da wird das Elend der Menschen als willkommenes Argument gegen Gott gebraucht. Gott als Alibi.

Es ist doch erschütternd: Wir krümmen keinen Finger, um Not lindern zu helfen, gebrauchen aber diese Not, um sie als Argument gegen Gott ins Feld zu führen. Natürlich ist es ein Unterschied, ob Betroffene eine solche Frage stellen. Da hat es keinen Sinn, sich ihr billig und vorschnell zu entziehen. Wenn jedoch die Liebe Gottes eingeklagt wird, um sich damit unter einem Vorwand Gott vom Halse zu halten, dann wirft das ein bedenkliches Licht auf den Fragesteller.

Das Leid der Welt kann doch nicht dazu missbraucht werden, mich selber aus der Verantwortung zu stehlen, indem ich Gott an den Pranger stelle! Man räkelt sich im Lehnstuhl der Selbstgerechtigkeit, ohne selber seine Hand zur Linderung der weltweiten Not zu rühren. Bleibt höchstens der Griff zur Spendenbüchse zur Linderung eigener Gewissensbisse. Nein, halten wir uns Gott bitte nicht mit der billigen Ausrede vom Leibe, die nur die eigene Untätigkeit kaschieren soll. Das nützt niemandem. Vor allem den leidenden Mitmenschen nicht. Da wird die Auflehnung gegen Gott bloße Tarnung der Ablehnung eigener Hilfeleistung.

Leid und Tränen – wo ist der liebe Mensch?

Gott ist Realist. Schonungslos richtet er unseren Blick auf den Hauptverursacher des Leides. Wer ist es denn, der Leid und Elend, Tränen und Trauer in der Welt verbreitet: Das ist die Frage, um die es geht. Der grausamste Verursacher des Leides ist der Mensch. Der Mensch ohne Gott. Wer kann es auflisten unter uns, all das Leid in dieser Welt, für das nicht Gott, sondern einzig und allein der Mensch zur Rechenschaft gezogen werden muss. Wie viele Kinder haben den frühen Zerfall ihrer Eltern auf ihrem Gewissen. Dass diese über durchweinten Nächten grau und alt geworden sind. Dafür wollen wir doch bitte nicht Gott verantwortlich machen! Wie viele Eltern sind schuld an den seelischen Schäden ihrer Kinder. Sie haben die verspielte Zukunft der heranwachsenden Generation auf dem Gewissen.

Wie viele Menschen haben sich selbst und andere ruiniert. Ziehen wir doch einmal den Vorhang
der verlogenen Bürgerlichkeit vor unserer Gesellschaft, unseren Familien und Nachbarschaften weg. Blicken wir doch einmal hinter die Fassaden unserer Ehen, Häuser, Arbeitsplätze und Betriebe. Wie viele Menschen machen sich da gegenseitig kaputt! Allein der Alkoholismus ruiniert jährlich Millionen Betroffener und deren Umgebung. Wie viele Eheleute mögen es sein, die sich gegenseitig total kaputt gemacht haben. Der »siebte Himmel« ist für sie zur Hölle geworden.

Viele Krankheiten, die schweres Leid über Menschen und Familien bringen, sind schlichtweg selbstverschuldet. Die Ehrlichkeit, dies zuzugeben, sollten wir durchaus einmal besitzen. Es sind viele, die immer mehr rauchen und trinken, die zu viel arbeiten und zu wenig ruhen, weil sie denken: »*Mir* wird das schon nichts ausmachen.« Das Leben wird verheizt. Und dann ist es plötzlich zu spät ...

Zu was Menschen alles fähig sind, höre ich gerade beim Schreiben dieser Zeilen. Ein Motorradfahrer verunglückt schwer. Verblutend liegt er auf der Autobahn Stuttgart-München bei Degerloch. Mehrere Autofahrer rollen über den Sterbenden hinweg, ohne anzuhalten und sich um ihn zu kümmern. Endlich ruft jemand die Polizei an. Anonym. Die entsetzten Beamten berichten später, dass auch er weitergefahren sei, ohne das Unfallkommando abzuwarten. Jede Hilfe kam zu spät. Ja, wollen wir diese bestialische Grausamkeit des menschlichen Egoismus etwa Gott in die Schuhe schieben?! Wie oft schon haben hilflose Menschen an Straßenrändern gewunken und Hunderte von Autos brausten vorbei.

Es ist nicht aufzulisten, das Leid, das Menschen Menschen zufügen. Tagtäglich. Wie viel Leid und wie viel Tränen bereitet der Mensch sich selbst. Es ist der Mensch ohne Gott. Der Mensch, der nicht »lieb« sein kann, weil er die Liebe verloren hat. Und diese Liebe in Person ist Gott.

Die Emanzipation von Gott

Der Große unter den deutschen Bundespräsidenten, Karl Carstens, hat Recht: »Die Ursache allen Übels auf unsrer Erde ist der Abfall des Menschen von Gott.« Der Mensch hat Gott abgeschrieben. Er hat sich losgelöst vom Schöpfer. Er hat sich emanzipiert von seinem lebenschaffenden, -ordnenden und -erhaltenden Wort. Das ist der Grund der Katastrophe. Wir sind gottlos geworden, darum sieht es auf dieser Erde so aus. Haben Sie es verstanden? *Darum,* nicht *warum.*

Gräuel und Gram, Gettos und Galgen, Gräber und Gräben – das ist nicht gottgewollt, das ist menschengemacht. Das sind Signale dafür, dass der Mensch besser zerstören als aufbauen kann. Wir stehen doch mitten in diesem Prozess: Der Mensch könnte in kürzester Zeit diese Erde zum Paradies gestalten. Erfindungen und Entdeckungen ließen die Schaffung einer neuen Welt zu. Wir könnten es, aber wir tun es nicht.

Das, was der Mensch aus der wissenschaftlichen Forschung aufbauend nutzen kann, verwendet er weitgehend zur Zerstörung. Der schwedische Chemiker Alfred Nobel erfand 1867 das Dynamit. Mit diesem Sprengstoff wollte er den Berg- und Steinbrucharbeitern helfen, die mit bloßer eigener Körperkraft Kohle und Erz förderten. Welch eine segensreiche Erfindung! Doch was hat der Mensch daraus gemacht? Bomben.

Der Atomforscher Otto Hahn entdeckte 1938 mit Fritz Straßmann die Kernspaltung des Uran. Was hat der Mensch daraus gemacht? Bomben. Das ist das Thema von heute: Die Frage nach der Wissenschaftsethik. Darf der Mensch eigentlich alles, was er kann? Gentechnik, Sterbehilfe, Klimaveränderung, Computer statt Menschen ... Der Ruf nach verbindlichen Maßstäben wird immer lauter. Wir können heute fast alles. Aber dürfen wir es auch? In den meisten Erfindungen steckt diese Ambivalenz, diese doppelte Möglichkeit: Entweder Segen oder Fluch; entweder Nutzung zum Guten oder zum Bösen. Und der Mensch ohne Gott schafft es einfach nicht mehr, sein Können in die Letztverantwortung des Schöpfers zu legen.

Die Emanzipation von Gott hat uns die erhoffte Freiheit nicht gebracht. Sie hat uns zu Sklaven des menschlichen Egoismus werden lassen. Albert Einstein, jener große Geist, soll Erfindungen mit ins Grab genommen haben. Er meinte realistisch: »Erfindungen in der Hand des gottlosen Menschen machen uns kaputt.«

Bekämen wir nun eine grundsätzlich bessere Welt, wenn es mehr Christen gäbe? Wenn sie gar in der absoluten Mehrheit wären? Ich meine, auch wenn viele Menschen da sind, die es gut meinen, korrekt leben und im biblischen Geist diese Welt gestalten: Das Grundproblem liegt tiefer. Wir alle sind verwoben in den Schicksalszusammenhang einer von Gott abgefallenen Welt. Luther sagt: »Wir sind alle Gefährten des gleichen Jammers.« Ob Christen oder Heiden. Wir müssen uns dieser Realität stellen: Die Welt hat sich im Ganzen losgelöst von Gott. Darum sieht es in ihr auch so aus, wie es aussieht.

Jenseits von Eden

Über allen Rätseln, die die Frage nach dem Leid uns aufgibt, muss eines nüchtern festgehalten werden: Gott will das Leid nicht. Die Bibel sagt eindeutig und klar: Gott hat die Welt geschaffen (1. Mose 1,31). Gottes ursprüngliche Schöpfung war frei von Leid und Ungerechtigkeit, von Blut und Tränen. Erst die Rebellion des Menschen gegen Gott, die Emanzipation vom Schöpfer und seinem Wort hat die Harmonie zerbrochen. Die Welt von Leid und Tränen, von Krankheit und Tod, von Hungerkatastrophen und Kriegen ist nicht die Welt, die Gott gewollt hat. Es ist die Welt jenseits von Eden.

Wer die Bibel ernst nimmt – und wer fragt: »Das soll ein Gott der Liebe sein?«, meint ja wohl den Gott der Bibel –, sollte deutlich erkennen: Erst die Rebellion gegen Gott brachte den Riss in der Schöpfung. Der Mensch wollte so sein wie Gott, und das wurde ihm zum Verhängnis. Man kann doch letztlich nur das bestimmen, was man selber geschaffen hat. Allein der Konstrukteur hat die Bedienungsanleitung zum bestmöglichen Gebrauch des von ihm Geschaffenen. Im alltäglichen Leben richten wir uns bei der Handhabung technischer Geräte doch auch nach dieser Devise. Nur Leben und Welt, die wir beide gar nicht geschaffen haben, meinen wir selbst bestimmen zu können ...

Wenn Gott existiert, und wenn er der Schöpfer dieser Welt ist, dann ist er auch der Herr dieser Schöpfung. Die größte Katastrophe ist dann doch die, dass der Schöpfer und seine Schöpfung sich als Feinde gegenüberstehen. Aus dem Miteinander ist ein Gegeneinander geworden. Nicht Freundschaft, sondern Feindschaft bestimmt das Verhältnis zwischen Mensch und Gott. Nicht höchste Harmonie, sondern schrille Dissonanz ist zu hören. Gott und Mensch stehen gegeneinander!

Die Konsequenzen des Abfalls von Gott sind mit Händen zu greifen: Das Verhältnis des Menschen zur Welt ist genauso zerstört wie das zum Mitmenschen. Die Welt in Natur und Geschichte ist gekennzeichnet von Sterben und Leiden, vom Kampf aller gegen alle, vom Triumph des Stärkeren gegen den Schwächeren.

Der Mensch hat sich zum Gegner Gottes gemacht. Nicht umgekehrt. Und deshalb erfährt er immer wieder das »Gegenteil« von Gott. Gott ist Ordnung (Hesekiel 11,20), jenseits von ihm ist Chaos. Gott ist Friede (Epheser 2,14), jenseits von ihm ist Krieg. Der Friede wird uns nicht als billige Draufgabe unserer Bürgerlichkeit verheißen, nicht als süßliches Weihnachtspräsent. Friede gibt es nur in dem Maße, wie Gott geehrt wird. Die Engel verkünden am Heiligen Abend: »Ehre sei Gott in der Höhe und Friede auf Erden« (Lukas 2,14). Wo Gott nicht geehrt wird, kann kein Friede einziehen.

Die Hölle auf Erden

In dem Maße, in dem die Menschheit sich programmatisch von Glaube und Gott losgesagt hat, wuchsen Hass und Mord in unserer Welt. Die Abkehr des Menschen von Gott – das ist die Katastrophe über dieser Welt! Deshalb taumelt sie immer wieder neuen Schrecken entgegen.

Wer sich nur selber behaupten will, zerstört sich in Wahrheit und reißt andere mit. Die Selbstbehauptung gegen Gott ist nichts als Selbstzerstörung. Wer nicht mehr nach Gott fragt, der fragt unmerklich und unaufhaltsam nur noch nach sich selbst. Und das hat weltgeschichtliche Konsequenzen. Denn wer nur noch nach sich selbst fragt – Selbstverwirklichung, Selbstfindung, Selbstbefreiung –, der fragt auch nicht mehr nach dem Nächsten. Eine eiskalte Welt unbarmherziger Lieblosigkeit ist die Folge.

Gott überlässt den Menschen sich selbst. Und den Rest erledigen wir dann von selbst. Das Gesicht unserer Erde ist Beweis genug. Gott gibt uns dahin an uns selbst. Gott richtet, indem er den Menschen gewähren lässt. Er zwingt uns nicht zur Liebe, weil man Liebe nicht erzwingen kann. Er spielt kein fatalistisches Marionettentheater mit uns, sondern lässt uns die Freiheit. Und das, was wir jetzt daraus gemacht haben, ist der Preis dafür. Lesen wir einmal unter diesem Aspekt das erste Römerbriefkapitel (ab Vers 18).

Anstatt Gott zu erkennen und anzuerkennen, haben wir den Menschen an seine Stelle gesetzt. Göttliche Gebote haben wir gegen menschliche Maßstäbe eingetauscht. Wir haben Relatives verabsolutiert und Götzen zu letzten Instanzen inthronisiert. Damit sind wir zu Spießbürgern geworden. »Ein Spießbürger ist der, der relative Dinge absolut setzt« (Sören Kierkegaard).

Abschied vom »lieben Gott«

Paulus analysiert: »Gleichwie die Menschen es für nichts geachtet haben, dass sie Gott erkannten, hat sie auch Gott dahingegeben in verworfenen Sinn, zu tun, was nicht taugt« (Römer 1,28). Gottes Zorn – das ist kein wütender Gott im Himmel, der seine Blitze auf die Erde schleudert und alles entzweischlägt. Der Zorn Gottes besteht darin, dass er den Menschen gewähren lässt. Das ist die nüchterne Realität: Was wir als willkommene Freiheit erachten, ist in Wirklichkeit Zorn Gottes. Aber bereits bei den Konsequenzen dieser »Freiheit von Gott« erkennen wir ja schlagartig, wie verheerend sie sich auswirkt. Es stimmt: Es gibt kein größeres Gericht Gottes, als dass der Mensch bekommt, was er will. Wie kommt das eigentlich, dass wir aus diesem heiligen Gott so etwas Süßliches, Altväterlich-Harmloses gemacht haben?!

Die sentimentale Bezeichnung »lieber Gott« kommt in der Bibel kein einziges Mal vor. Es ist nämlich nicht nur wichtig, was in der Bibel steht, sondern auch, was *nicht* in ihr steht. Jahrhunderte haben wir den »lieben Gott« wie einen Großvater verehrt. Aber den Gott der Bibel haben wir vergessen. Wir haben uns einen eigenen Gott gezimmert, eben den »lieben«. Aus menschlichen Wünschen, Trieben, Vorstellungen und Vorurteilen. Da hat der Philosoph Feuerbach schon Recht: »Der Mensch schuf sich Gott zu seinem Bild.« Eine Self-made-Religion mit weinerlichem Zuckerguss. »Wir gehen einer Zeit entgegen, in der wir uns selbst eine einfache Religion zurechtmachen: Der Mensch ist gut, und Gott ist lieb – und der gute Mensch hat eigentlich einen Anspruch auf Gottes Liebe« (Hans von Keler).

Der »liebe Gott« ist tot? Es hat ihn nie gegeben! Das ist die Wirklichkeit. Wir haben Gott zum

Mittel gemacht und dabei übersehen, dass er die *Mitte* aller Dinge ist. Der »liebe Gott«, als pädagogisches Instrument zur Kindererziehung: Wenn du nicht brav bist, straft dich der liebe Gott ... Als Lückenbüßer: Der liebe Gott wird schon bei dir sein ... Ein solcher Gott ist eine Karikatur. Aber Gott ist nicht harmlos, sondern heilig. Er ist nicht der liebe, sondern der liebende Gott ... Er zwingt uns nicht, er hält uns nicht am Gängelband, er schenkt uns Entscheidungsfreiheit.

Gott spielt mit offenen Karten

Ursache und Wirkung verschweigt Gott uns nicht. Er legt die Karten offen auf den Tisch: »Der Sünde Sold ist der Tod« (Römer 6,23). Das heißt: Absonderung von Gott ist Lebenszerstörung. Wer sich von Gott abkehrt, der begeht Selbstmord auf Raten. Er bringt Leid und Tränen über sein Leben. »Der Sünde Sold ist der Tod« – das ist keine Angstmacherei, sondern nackte Realität.

Sollen wir es einmal schonungslos auflisten? Armut in der Welt ist doch keine Gottesstrafe, sondern eine Anfrage an unseren Reichtum. Rassenkrawalle sind doch keine von Gott verordneten Klassenkämpfe, sondern die Frucht weißen

Hochmuts. Hunger ist doch kein Schicksal, sondern eine Herausforderung an die übersatte Welt der Habenden. Die Konzentrationslager in aller Welt – sie zeugen doch nicht von der Abwesenheit Gottes. Sie sind nicht in der ohnmächtigsten Stunde Gottes, sondern in der schändlichsten Stunde des Menschen gebaut worden.

Lassen sich denn Stalingrad, Biafra, Vietnam und Afghanistan auf das Konto Gottes buchen? Hat Gott Chemie- und Atombomben entwickelt? Ist er denn schuld, dass Millionen Menschen hungern müssen, während tonnenweise Weizen verbrannt wird? Bis auf den heutigen Tag werden Feldfrüchte ins Meer geschüttet, vernichtet und ungenießbar gemacht, um den Weltmarkt stabil zu halten. Gott hat sogar zu viel wachsen lassen! Aber in der Hand des Menschen pervertiert der Erntesegen zum Fluch. Der Mensch hat mit seinem egoistischen Hochmut vernichtet, statt zu verteilen.

Es ist doch eine erschreckende Tatsache: Auch der Wohlstand wird einer gottlosen Generation zum Verderben. Hunger trotz Überfluss, das ist ein *Teufels*kreis, aber nicht *Gottes* Werk!

Wolfgang Borchert hat in seinem Hörspiel »Draußen vor der Tür« sehr wohl den schwachen Punkt seiner Anklage gegen Gott entdeckt. Seine Beweisführung steht auf brüchigem Fundament. Es ist zu vordergründig, zu meinen, dass aus der Existenz von Leid und Tränen in der Welt automatisch auf die Abwesenheit Gottes geschlossen werden muss. Deshalb lässt Borchert Gott sprechen: »Meine Kinder haben sich von mir gewandt, nicht ich von ihnen. Ich bin der Gott, an den keiner mehr glaubt.«

Die Bibel verheimlicht Ursache und Wirkung an keiner Stelle. Im Gegenteil. Bereits der Prophet Jeremia, der übrigens selbst ein schwer leidender Mann war, schreibt: »Deine Bosheit ist schuld, dass du geschlagen wirst, und dein Ungehorsam, dass du so gestraft wirst. Und du musst innewerden und erfahren, was es für Jammer und Herzeleid bringt, den Herrn, deinen Gott, zu verlassen und ihn nicht zu fürchten, spricht Gott« (Jeremia 2,19).

Merken wir eigentlich, wie sich plötzlich unsere oben behandelte Frage nach Güte und Allmacht Gottes umkehrt? Hart gesagt: Solange es in dieser Welt Sünde gibt, also die bewusste Abkehr von Gott und seinen Geboten, kann das Leid letztlich kein Problem sein. Denkerisch stünden wir nämlich vor einem Problem, wenn es in einer sündigen Welt *kein* Leid gäbe. Denn dann müssten wir eingestehen, dass kein guter und allmächtiger Gott existieren kann. Entweder müsste es ihm völlig gleichgültig sein, ob Sünde bestraft wird – und dann wäre es nicht gut. Oder er wäre dazu nicht fähig – und folglich dann auch nicht allmächtig. So lautet die Gleichung. Da Gott aber gut und allmächtig ist, lässt er sich nicht spotten (Galater 6,7).

Eines ist klar: Viele Tränen müssten nicht geweint werden, wenn man sich zu Gott gehalten hätte. Die Wahl liegt auf der Hand: Christus oder Chaos. Gott gängelt diese Welt nicht an lauter guten Fäden. Aber er ruft sie zu einer freiwilligen festen Bindung an sich und damit an die Wahrheit. Er hat den Menschen den Weg zum Leben eröffnet und den zum Tode warnend gezeigt. Nun können wir uns entscheiden.

Gott spielt mit offenen Karten: »Der Sünde Sold ist der Tod.« Und dann folgt ein dickes *»Aber«:* »Aber die Gabe Gottes ist das ewige Leben in Christus Jesus, unserem Herrn« (Römer 6,23). Die Gottesnähe bekommen wir alle geschenkt. Die Gottesferne müssen wir teuer bezahlen.

Die heimliche Anklage

Nun sind Sie dem Gedankengang gefolgt und werden sagen: »Das klingt eigentlich einleuchtend und logisch. Es lohnt sich, darüber einmal ernsthaft nachzusinnen.« Dennoch werden Sie einwenden: »Auch wenn das alles stimmt, so frage ich mich: ›Und warum trifft das Leid mich? Warum muss ich so viele Tränen vergießen? Warum geschieht mir das?‹«

Wenn ich diese Frage »Warum *ich* in all dem Leid?« stelle, so ist dies – nüchtern geprüft – ja eigentlich eine heimliche Anklage gegen Gott. Wir sollten uns das einmal bewusst machen. Es ist die verborgene, unausgesprochene Anfrage: »Gott, ich habe das doch gar nicht verdient. Warum denn ausgerechnet ich? Wie kannst du mir denn das zumuten?«

Dieser fragende Vorwurf ist für viele ein Ventil, ein Beruhigungsmittel. Es macht den persönlichen Kummer erträglicher, indem es Gott herabmindert. Zugleich lässt es die eigene Schuldbeteiligung völlig außer Betracht. Es ist die Anklage gegen Gott, dass er es mit mir und meinem Leben eben doch nicht gut meint. Wir glauben es immer besser zu wissen, wie Gott handeln muss, damit wir ihm großzügig das Ehrenprädikat »lieber Gott« verleihen können.

Das ist ein riesiger Trugschluss. Denn allzu oft haben wir doch in unserem Leben erfahren, dass zunächst unverstandene Leidsituationen sich im Nachhinein als richtige Wegführungen Gottes herausgestellt haben. Da merken wir, dass manche dunkle Stunde, in der wir am liebsten die Faust zum Himmel geballt hätten, nur Stationen auf dem Weg zum Licht waren. Dass Gott uns auf geheimnisvollen Umwegen zu seinem guten Ziel geführt hat.

Wenn aus dem »Warum« ein »Wozu« wird

Viele Christen bekennen, dass ihnen gerade Leid und Not zum Segen in ihrem Leben geworden sind. Dr. Gerhard Bergmann, der große Schriftsteller und Theologe, berichtet von einer Begegnung mit einem Kriegsversehrten. Granatsplitter hatten ihm das Augenlicht genommen. Durch die Jahre des Leidens wurde aus dem ehemals vergrämten, harten Mann ein warmherziger Zeuge Jesu. »In meinem Blindsein bin ich schließlich mit Jesus Christus bekannt geworden. Heute danke ich Gott dafür, dass er mir das Augenlicht genommen hat, denn dadurch habe ich Christus sehen lernen dürfen.«

Der Essener Jugendpfarrer Wilhelm Busch erzählt von einem Bergarbeiter, der nur Spott für Gott übrig hatte. Ein Unfall machte ihn zum Querschnittsgelähmten. Im Rollstuhl kommt er in Buschs Bibelstunden und findet zum Glauben an Christus. Jahre später bekennt der leidgeprüfte Mann: »Herr Pfarrer, ich danke Gott, dass er mir die Wirbelsäule zerschlagen hat, damit ich zu seinem Sohn Jesus Christus finden konnte. Es ist besser, gelähmt zu Jesus zu gehören und ein Kind Gottes zu sein, als mit zwei gesunden Beinen in die Hölle zu laufen.«

Christian Morgenstern hat den Satz hinterlassen: »Es gibt für Unzählige nur ein Heilmittel – die Katastrophe.« Ob wir das fassen können? Leid und Tränen verursachende Schicksalsschläge sind kein Minuszeichen für unser Leben, sondern wollten oftmals ein Pluszeichen setzen. Der querschnittsgelähmte Bergarbeiter sagte: »Oft habe ich zu Gott geschrien ›Warum hast du das zugelassen?!‹ Heute weiß ich, *wozu* es gut war.« Die quälende Warum-Frage muss zum Wozu werden, um nicht an der Sinnlosigkeit des Leides zu verzweifeln.

Der Dichter Stefan Andres schreibt: »Heute danke ich meinem Unglück, dass es mich durch zehn Jahre arm, unbekannt und einsam ließ und dadurch in die Nähe Gottes trieb.« Im Blick darauf, welche Lebensumstände uns zu Gott bringen können, meint ein jüdisches Sprichwort: »Krank gewesen sein, ist schlimm; aber reich gewesen sein, ist schlimmer.«

Markus Maggi wird mit nur 16 Jahren 1980 zum ersten Mal Schweizer Meister im Kunstradfahren. 1984 und 1985 folgt der Weltmeistertitel. Offen bekennt er sich zu seinem Glauben an Jesus Christus. Was ihm auf dem Weg dahin half? Auch das Leid über die Krebskrankheit einer befreundeten amerikanischen Sportlerin. Dieses Leid hat ihn nicht von Gott weg-, sondern zu ihm hingeführt. Offene Glaubensgespräche mit seinen Kameraden zeigen erstaunliche Früchte.

Die fünffache Schweizer Meisterin im Zweierkunstradfahren, Karin Barp, erzählt: »Durch die Gespräche mit Markus begann ich, mich etwas mit dem Glauben auseinander zu setzen. Kurz darauf verspürte ich heftige Schmerzen in der Lendenwirbelgegend. Die Ärzte stellten Verschiebungen an den Rückenwirbeln fest. Ich musste eine ganze Woche ruhig im Bett liegen. Nun hatte ich zum ersten Mal Zeit, über Dinge nachzudenken, für die ich früher nie eine Minute übrig hatte. War an Gott und am Glauben vielleicht doch etwas dran? Wenn es diesen Gott gab, dann musste er auf alle Fälle ziemlich lieblos und hart sein, dass er mich durch diese Krankheit um meine Lieblingsbeschäftigung, den Sport, brachte. Ich konnte zu diesem Zeitpunkt mein Missgeschick nicht anders deuten, und so haderte ich zweieinhalb Monate mit Gott. Bis ich eines Tages auf den Gedanken kam, dass Gott mir diese Krankheit womöglich geschickt hatte, um mir Zeit zum Nachdenken zu geben. Ich fing an, in der Bibel zu lesen, und lernte so Gott kennen. Ich begriff, dass er nichts Böses mit mir vorhatte; er wollte mir nicht meinen Sport wegnehmen, sondern mich zu ihm führen. Von da an konnte ich Gott auch vertrauen. Dies war der Anfang meines Glaubens an Jesus Christus, aber auch der Beginn meiner Genesung.«

Ist das nicht eine geheimnisvolle Segenskette,

in der plötzlich aus dem Leid Lebenshilfe werden kann? Ein Mensch findet Trost im Leid, indem er zu Gott findet. Und er kann andere trösten, die darüber den Schritt zum Glauben wagen. Paul Deitenbeck, der wohl bekannteste deutsche Gemeindepfarrer seiner Zeit schrieb: »Nur wer aus erster Hand Trost empfangen hat, kann ihn auch an andere weitergeben. Die Sprüche aus der Trostschatulle helfen nicht.«

Zu den Opfern des Nationalsozialismus gehörte auch der junge, sozialdemokratische Reichstagsabgeordnete Carlo Mierendorff. Viele Jahre litt er im KZ. Nach seiner Entlassung sagte er zum Fürsten Fugger, mit dem er die Lagerhaft geteilt hatte: »Wissen Sie, als Atheist bin ich ins KZ gekommen; und nach dem, was ich dort erlebt habe, verließ ich es als gläubiger Christ.« Das alles ist nicht vom »grünen Tisch« geredet, sondern aus tiefster Lebenserfahrung!

Darf ich diesen persönlichen Satz einmal in unseren Gedankengang einschieben? Ich möchte Sie, die Sie diese Zeilen lesen, ernsthaft fragen: Wollen wir es erst so weit kommen lassen, dass Gott in unserem Leben durch Leid auf sich aufmerksam machen muss? Oder sollten uns die Lebenszeugnisse nicht vielmehr wachrütteln, unser Leben jetzt ganz unter Gottes Führung zu stellen? Dietrich Bonhoeffer schreibt: »Mitten im Leiden muss Gott erkannt werden; im Leben und nicht erst im Sterben, in Gesundheit und Kraft und nicht erst im Leiden.«

Gott will uns nicht über die »Zwangsjacke Leid« zu sich rufen. Das Gute, das er uns in Glück und Gesundheit gewährt, sollte uns zur dankbaren Hinwendung an Gott führen. Gottes *Güte* will uns zur Umkehr treiben (Römer 2,4). Aber auf dem Ohr scheinen wir taub zu sein. Wir glauben ja, in unseren starken Stunden Gott nicht nötig zu haben. Den allmächtigen Gott degradieren wir zum Lückenbüßer und Nothelfer, wenn wir nicht mehr weiterwissen. So kann man Gott aber nicht abspeisen. Folgende Anekdote stimmt nachdenklich: Eine Frau kommt in eine Buchhandlung. »Ich möchte ein schönes Buch für einen Kranken.« – »Bitte, möchten Sie vielleicht etwas Religiöses?« – »Nein, danke, es geht ihm schon ein wenig besser ...«

Ein Teppich namens Leben

Ein packendes Beispiel hat sich mir tief eingeprägt. Es war die große niederländische Evangelistin Corrie ten Boom, die es uns vor Jahren auf dem Ahldener Jugendtag erzählte. Ein Bild, das ich nie vergessen werde: Unser Leben ist wie ein riesengroßer Teppich. An ihm wird ständig gewebt und gearbeitet. Farbe und Fäden werden zu einem Muster zusammengefügt.

Jedoch ist das Problem, dass wir diesen Teppich nur von der Rückseite sehen. Und da sieht er hässlich aus. Die Farben passen oft nicht zusammen, das Muster scheint nicht zu stimmen und überall hängen Fäden heraus. Ein Teppich von der Rückseite: Ein abstoßendes Bild. Keiner würde sich ein solches Exemplar in die Wohnung legen. Bis an unsere Todesgrenze sehen wir unseren Lebensteppich nur von der Rückseite. Dann aber, im Lichte der Ewigkeit, wird er umgekehrt sichtbar. Und plötzlich fällt es uns wie Schuppen von den Augen: Es ist ein farbenprächtiges, herrliches und sinnvolles Muster. Die Hässlichkeit der Rückseite mag uns noch so sehr verwirrt haben. Mit einem Mal haben wir ein sinnvolles Ganzes vor uns.

Am Ende unseres Lebens werden wir feststellen, dass selbst Trauer und Tränen, Leid und Not nur Umwege waren zu Gottes herrlichem Ziel. Wer von der quälenden Warum-Frage zur befreienden Wozu-Frage aufbricht, der betritt das Neuland der Verheißungen Gottes. Er darf gewiss sein, dass sich einmal alle verworrenen Fäden lösen. Dann werden sich die Straßen, die hier gesäumt waren von Kummer und Leid, als die geradesten und kürzesten Heimwege zu Gott erweisen. Er sagt uns in seinem Wort: »Meine Gedanken sind nicht eure Gedanken, und eure Wege sind nicht meine Wege; sondern so viel der Himmel höher ist als die Erde, so sind auch meine Wege höher als eure Wege und meine Gedanken als eure Gedanken« (Jesaja 55,8+9).

Nach vorne denken

Die Frage nach dem Wozu weist den Blick immer in die Zukunft. Das Warum lässt hart und bitter werden, lebensmüde und depressiv. Die anklagende Frage »Herr, warum?« führt zu namenloser Qual. Wenn ich aber frage: »Wozu, Herr?«, blicke ich nach vorn, weg von meiner Situation. Ich frage nicht mehr: »Herr, warum lässt du das zu?«, sondern: »Was hast du damit vor?«

Wer nur noch nach dem Warum fragt, der gerät in Schwermut, Depression und Resignation. Er frisst alles in sich hinein. Viele geraten so in die Nähe des Selbstmordes. Da zerbricht einem der Lebenswille. Psychologen sprechen von der »egozentrischen Struktur« des Menschen. Ich sehe nur noch mich, denke nur noch an mein hartes Schicksal und lasse alle quälenden Fragen nur um mich kreisen. So ist man weder offen für Auswege noch für mögliche Sinnesdeutungen des Leides.

Wer so denkt, bereitet sich selbst die Hölle auf Erden. »Hölle ist die Reduzierung des Menschen auf sich selbst« (Heinrich Kemner). Hölle: Nur noch ich, sonst nichts mehr. Für Gott ist da kein Platz. Höchstens in der Anklage des »Warum?«. Wer aber nach dem Wozu fragt, der behält Gott im Blick. Und diese Blickrichtung dürfen wir nicht verlieren, sonst bringen wir uns selbst um.

Die pausenlose Frage nach dem Warum lässt das eigene Leid permanent im Mittelpunkt stehen. Man hat keinen Blick mehr für andere. Denn oft stellt sich ja auch das eigene Leid im Vergleich zu dem anderen Menschen als unvergleichlich geringer heraus. »Ich war ärgerlich, weil ich keine Schuhe anhatte; da traf ich einen, der ohne Füße war«, sagt eine alte chinesische Weisheit. Und aus Afrika ist überliefert: »Du weißt nicht, wie schwer die Last ist, die du nicht trägst.«

»Wozu, Herr, geschieht das jetzt?« – wer so fragt, der sieht weg von sich selbst und erkennt über sich »Wolken, Luft und Winde«; er weiß, dass der, der ihnen »Wege, Lauf und Bahn« gegeben hat, »der wird auch Wege finden, da mein Fuß gehen kann« (Paul Gerhardt). Denn dieser Gott vergisst mich nicht. Und ich darf ihn auch nicht vergessen. Wo wir für Gott keinen Platz mehr haben, da bereiten wir uns die Hölle auf Erden. »Hölle ist da, wo Gott nicht mehr hinsieht« (Dostojewski).

Nach dem Wozu fragen heißt, nach vorne denken. In die Zukunft schauen, denn Gott ist ein Gott der Ziele. Das heißt auch, vom bloßen Augenblick wegsehen auf die langen Wege Gottes. Gott möchte, dass wir auf das Ende blicken: »Es ist das Ende gut« (Tersteegen). Daran kann man sich aufrichten. Das ist weder fromme Jenseitsvertröstung noch weltfremde Romantik. Woran wollen wir uns denn in all dem Elend dieser Welt und dem Leid unseres Lebens anders klammern als an die tröstliche Verheißung unseres Gottes: »Siehe, ich mache alles neu!« (Offenbarung 21,5)?

Der Blick nach vorn ist für die Überwindung und das Erdulden von Leidsituationen unverzichtbar. Der Wiener Psychotherapeut Victor E. Frankl sagte: »Es war nicht zuletzt die Lehre, die ich von Auschwitz und Dachau mit nach Hause nehmen konnte: dass diejenigen noch am ehesten fähig waren, sogar in solchen Grenzsituationen zu überleben, die ausgerichtet waren auf die Zukunft, auf eine Aufgabe, die auf sie wartete, auf einen Sinn, den sie erfüllen wollten. Und amerikanische Psychiater haben dies später in japanischen und nordkoreanischen Kriegsgefangenenlagern bestätigen können.«

Professor Helmut Thielicke sagte in seinen berühmten Stuttgarter Predigten während der Bombennächte des Zweiten Weltkrieges: »Alles ist voller Ziele und Verheißungen. Die Luft ist erfüllt von der Frage Gottes, ob wir bereit sind, auf ihn einzugehen und anzufangen mit dem, was er mit uns vorhat. Gott hat eine Zukunft für uns, und seine letzten Trümpfe sind noch gar nicht ausgespielt.«

Ein 86-jähriger Geschäftsmann mit Arthritis im

schlimmsten Stadium kann weder schmerzfrei sitzen noch stehen oder liegen. Seit Jahren. Furchtbar! Die Hand kann er mir nicht geben. Aber seine Augen leuchten, als er mir voll Gewissheit sagt: »Die Zukunft meines Glaubens wiegt meine Fragen und Tränen der Gegenwart tausendfach auf.« Das ist alles andere als billige Jenseitsvertröstung. Das ist begründete Hoffnung auf eine lebendige Zukunft! Der leidgeprüfte und -erfahrene Friedrich von Bodelschwingh konnte sagen: »Lasst euer Leid zur Welle werden, die euch an das Ufer der ewigen Heimat trägt.«

Dr. Gerhard Bergmann wurde nicht müde, in seinen vielbeachteten Vorträgen zu betonen: »Leid ist keine Strafe Gottes, sondern möchte zum Heil führen. Es ist eine Einladung hin zu Gott und in seinen Frieden.«

Der Blickwechsel

Und dennoch bleibt die Frage für viele bewusste Christen, warum gerade ihnen so viel Leid aufgebürdet wird. Da gibt es so manche, die in der entschiedenen Nachfolge Jesu leben und eine einzige Leidensgeschichte haben. Deshalb müssen wir grundsätzlich festhalten: Christen haben keine Leidverhinderungsversicherung abgeschlossen. Es gibt für sie keine besondere Unrechts- und Unfallversicherung.

Der christliche Glaube ist keine schwärmerische Gefühlsreligion. Es geht bei Christen nicht nach dem Motto: Es muss uns immer gut gehen. Täglich himmelhoch jauchzend! Im Gegenteil. Christen widerfährt vielleicht vieles, was anderen erspart bleibt. Denn der Schritt zu Jesus heißt ja, sein Kreuz auf sich zu nehmen. Gott macht uns nichts vor. Die Bibel ist kein Zauberbuch mit der werbewirksamen Versprechung: »Komm zu Jesus, und alles wird gut; simsalabim, und alle Probleme sind beendet.« Wer vom Schritt zum Glauben Leidensfreiheit erwartet, wird enttäuscht werden. Christen sind in der Sprache der Bibel »selig«. Und ihnen wird verheißen: »Selig sind, die da Leid tragen; denn sie sollen getröstet werden« (Matthäus 5,4).

Ich werde nie die junge Familie vergessen, die

ich einmal im Urlaub kennen lernte. Das Ehepaar ist in der Freizeit- und Jugendarbeit stark engagiert. Ihr Haus ist offen für Gruppen und Kreise. Nur ihr sehnlichster Wunsch scheint nicht in Erfüllung zu gehen: ein Kind. Sie flehen zu Gott. Erst nach sieben Ehejahren meldet sich Nachwuchs an. Welch eine Freude! Alle in der Gemeinde hoffen, beten und bangen. Denn es scheint eine schwere Geburt zu werden.

Als das Kind zur Welt kommt, ein Junge, steht fest: Es ist spastisch gelähmt. Das einzige Kind, Jahre hindurch ersehnt, von Gott erfleht, von einer tiefgläubigen Mutter geboren – ein Leben lang körperlich behindert. Und jetzt treffe ich das Ehepaar mit ihrem inzwischen schulpflichtigen Sohn im Urlaub. Der Junge muss im Kinderwagen zum Strand geschoben werden. Wo andere Gleichaltrige fröhlich in Sand und Wellen herumtollen, muss er sich ungelenk abquälen. Stets benötigt er die Hilfe seiner Eltern.

Als wir uns nach einigen Tagen besser kennen, wage ich die offene Frage: »Ihr seid Christen. Ihr habt Zeit, Kraft und Geld für Gott investiert. Und nun ist das einzige Kind, das ihr bekommen könnt, ausgerechnet behindert. Habt ihr euch da nicht gefragt, warum Gott das so zugelassen hat? Warum gerade ihr dieses Leid erfahren müsst? Es gibt Familien, die bewusst ohne Gott leben und eine Reihe kerngesunder Kinder haben.

Und ihr ... Verzweifelt man da nicht an seinem Glauben?«

Heute noch habe ich die Antwort der Mutter im Ohr. Sie hat mich tief bewegt. »Weißt du, wir haben anfangs viel geweint. Wir haben an Gott gezweifelt. Unser fröhlicher Glaubensmut war dahin. Aber dann haben wir in der Therapie, im Krankenhaus, im Kindergarten und jetzt in der Schule andere Eltern mit behinderten Kindern gesehen. Wir haben erlebt, wie sie abgeschoben werden; wie ihre gesunden Geschwister ihnen vorgezogen werden: wie sie für die Eltern eine Last sind, die sie am liebsten abschütteln würden. Ja, im Blick auf die Abtreibungsdiskussion hören wir, wie leichtfertig man oft mit diesen unerwünschten Kindern umgeht. Als wir das alles sahen, sagten wir uns: Wir danken Gott, dass dieser Junge in unsere Familie geboren wurde. Dass wir ihn lieben können und nicht abschieben. Dass er uns willkommen ist und unsere ganze Fürsorge hat. Wir danken Gott, dass er uns diese Last aufgeladen hat, denn er gibt *uns* auch die Kraft, sie zu tragen. Was andere nur als lästige Mühsal empfinden, dürfen wir im Glauben akzeptieren.«

Den jungen Eltern wurde dieser Blickwechsel geschenkt: Dass sie als Christen ja über eine Kraftquelle verfügen, die Leid tragen hilft. Dass kein blindes Schicksal ihnen ein krankes Kind bescherte, sondern dass Gott ihnen bewusst diesen

Jungen anvertraut hat. Hier begegnete mir erstmals diese völlig andere Sicht des Leides. Wie Christen durch diesen Blickwechsel Leid nicht nur als Last, sondern geradezu als Geschenk empfinden können. Für diese Eltern war klar: »Wir wünschen unserem behinderten Jungen keine andere Familie als die unsrige.«

Haben Sie darüber schon einmal nachgedacht? Dass Gott uns nur das zumutet, von dem er annimmt, dass wir es tragen können? »Gott legt uns eine Last auf; aber er hilft uns auch« (Psalm 68,20). Der jüdische Talmud sagt drastisch, aber korrekt: »Je nachdem, wie stark das Kamel ist, so schwer ist seine Last.« – »Der Christ wird zum Lastenträger. So wird das Leiden zum Kennzeichen der Nachfolge Christi« (Bonhoeffer).

Gott packt uns nicht in Watte, aber er erhält uns im Glauben. Jesus kam nicht, uns zu verwöhnen, sondern uns zu versöhnen. Und er, der Versöhner, tritt mit einer Kraft in unser Leben, dass wir auch Leid und Tränen tragen können. Jesus will keine Genießer. Er will Genossen. Weggenossen, die in seiner Nachfolge mitgehen. Und die Nachfolge Jesu ist ein Weg des Leides. Aber am Ende steht der Sieg. Thomas von Kempen hat den Satz hinterlassen: »Trägst du dein Kreuz willig, so wird es dich tragen und dich dahin führen, wo alles Leid ein Ende hat.«

Wir dürfen wissen: Dieser Jesus vergisst uns

nicht. Er ist gerade dann bei uns, wenn unsere Not am größten ist. Er ist da, um zu trösten. Denn das heißt ja Trost im Sinne der Bibel: Gegenwart Gottes im Leid. Dass Jesus unser Leid nicht wegnimmt, aber auf jeden Fall hineinkommt. Dass Jesus bei uns aushält und uns nicht im Stich lässt. Dass ich nie tiefer fallen kann als in die Hand Gottes. Es ist für mich ein tiefes Geheimnis: Je größer das Leid ist, desto näher ist mir die schützende und bergende Hand Gottes. Unser Leid ist nicht die Situation unseres Lebens, wo Gott am weitesten von uns entfernt ist, uns gar verlassen hat. Im Gegenteil. Es ist der Augenblick, wo er uns ganz besonders nahe ist.

Jesus ist immer noch größer

»Vielleicht heißt ›leiden‹ nichts anderes als ein tieferes Leben zu führen«, las ich einmal. Ein Leben, das ganz dicht in der Nähe Gottes ist. Ein Leben, das in besonderer Weise um die menschliche Ohnmacht, aber auch die Allmacht Gottes weiß. Wo der Sinn des Leides vielleicht ein dunkles Geheimnis bleibt, jedoch Gottes Barmherzigkeit und Friede besonders hell offenbar werden. Am Grab der Bombenopfer von Bethel meinte Friedrich von Bodelschwingh: »Gottes dunkles Geheimnis ist mit uns. Gottes Barmherzigkeit leuchtet über uns. In Gottes Frieden bergen wir uns. Fürchte dich nicht – glaube nur!«

Gerade da, wo Leid und Last übermäßig groß erscheinen, dürfen wir uns der Allmacht Gottes vergewissern. Bei einem der großen Aidlinger Pfingsttreffen ging mir diese Tatsache förmlich durch Mark und Bein. Als nämlich über 8000 Jugendliche das frohmachende Lied von Gerhard Schnitter sangen: »Wellen des Leides fesseln meinen Blick, verdunkeln und lähmen, ziehen mich zurück. Leid durch Entbehrung, Hoffnungslosigkeit, durch Bosheit, durch Gräber und durch Krankheitszeit. *Aber* der Herr ist immer noch größer, größer als ich denken kann. Er hat das ganze Weltall erschaffen. Alles ist ihm unter-

tan.« Das hat sich mir ins Herz gesungen und war mir in vielen Lebenslagen echte Hilfe. Dieses trotzig-frohe »Aber!«.
Dietrich Bonhoeffer schreibt:

»In mir ist es finster,
aber bei dir ist es licht.
Ich bin einsam,
aber du verlässt mich nicht.
Ich bin kleinmütig,
aber bei dir ist die Hilfe.
Ich bin unruhig,
aber bei dir ist der Friede.
In mir ist Bitterkeit,
aber bei dir ist die Geduld.
Ich verstehe deine Wege nicht,
aber du weißt den Weg für mich.«

Wenn wir uns an Gott halten, so lassen wir die Ewigkeit über dem Leid unserer Zeit mächtig werden. Und da werden die Proportionen zurechtgerückt, so dass unser Leid in einem neuen Licht erscheinen darf:

»Ewigkeit, in die Zeit leuchte hell hinein,
dass uns werde klein das Kleine
und das Große groß erscheine,
sel'ge Ewigkeit.«

Das Hineinleuchten der Ewigkeit in unsere Leidenszeit ist nicht dazu da, unserem Leben einen Hauch von Sentimentalität und Glücksgefühl zu verleihen. Es geht um die tröstliche Gewissheit: Jesus ist immer noch größer! Das Leid wird nicht verniedlicht, verharmlost oder kaschiert. Es wird auch nicht automatisch weggenommen. Gott garantiert uns keine Leidensfreiheit, aber er hilft uns tragen, durchstehen und überwinden. »Gott ist ein Gott des Tragens« (Bonhoeffer), kein brutaler Sadist. Gott holt uns vielleicht nicht aus dem Leid heraus, aber er kommt auf jeden Fall in unser Leid hinein.

Wie Gott tröstet

Das zentrale und mich bewegendste Wort biblischen Trostes steht bei Jesaja (66,13), wo Gott spricht: »Ich will euch trösten, wie einen seine Mutter tröstet.« Gott erinnert uns an unsere Mutter. Hat sie nicht ihr Leben gewagt, um uns das Leben zu schenken? War nicht ihr Schoß der Zufluchtsort für uns ängstliche oder weinende Kinder? War sie nicht immer für uns da? Hatte sie nicht immer ein gutes, helfendes und tröstendes Wort? War es nicht ihre Hand, die Abend für Abend über unser Haupt strich; und ihre Gebete, die uns ins Leben hinaus begleiteten? Gott vergleicht sich mit der aufopfernden Liebe einer tröstenden Mutter. Welch ein Bild!

Wie viel ist es wert, sich ganz einfach einmal fallen zu lassen! Sich in die Liebe Gottes hineinfallen zu lassen wie in die Arme eines lieben Menschen. Hier findet man Geborgenheit statt Verlassenheit, Gemeinschaft mit Gott statt Einsamkeit mit sich selbst. Ich muss vor Gott nicht den starken Mann markieren, der ich ohnehin nicht bin. Wir leben ja weithin nach der Devise, dass nur Gesundheit, Leistungskraft, Stärke und Vitalität zählen. Krafttypen, Selbstbewusste und Erfolgsmenschen sind gefragt. Deshalb versucht man Krankheit und Leid zu verdrängen und zu überspielen. Sie sind nur unwillkommene Störfaktoren. Man pocht auf Willensstärke. Welch armselige Geschichte! Gott jedenfalls kann ich wie Mutter oder Vater alle meine Wehwehchen bis hin zu den echten schweren Nöten bringen. Gott speist uns nicht mit ein paar Floskeln aus der Trostschatulle ab: »Mach dir nichts draus!« – »Nimm's nicht so tragisch.« – »Es wird schon wieder werden ...«

Diese plumpe Vertröstung leistet sich Gott nicht. Eine Mutter tröstet doch nicht ihr leidendes Kind mit den drohenden Worten: »Sei still! Hör endlich auf zu weinen!« Sie drückt es vielmehr an ihr Herz. Ihre Liebe, ihr Verstehen, ihre bloße Nähe werden Trost. Der körperliche Schmerz mag bleiben, aber das Kind ist doch getröstet, weil es sich geborgen weiß in der Liebe der Mutter. Trost ist die Kraft, den Erschütterten zu stärken. Trost ist die Treue, mit der der Tröstende den Leidenden begleitet. Trost bekomme ich von dem, dem ich vertrauen kann. Im Englischen kennen wir das Verb »to trust«: vertrauen. Ein Mensch, der Gott kindlich vertraut, ist an der Quelle echten Trostes.

Jesus genügt

Bemühen Sie sich nie darum, *alles* verstehen zu wollen. Sie laufen sonst Gefahr, dass das Leid *Sie* fertig macht, bevor Sie mit dem Leid umgehen lernen. Wenn Gott wirklich Gott ist, dann handelt er als souveräner Herr.

Wir werden in unserem Leid nicht für alles eine Erklärung finden. Wie wollen wir das unerwartete Sterben so vieler Menschen erklären: Wenn ein Mädchen von einem jungen betrunkenen Autofahrer überrollt wird. Wenn eine junge Mutter stirbt und ihren Mann mit vier kleinen Kindern zurücklässt. Den plötzlichen Herztod des Arbeitskollegen oder die unheilbare Krankheit. Oder die weltweiten Verstrickungen in Krieg, Not und Elend. Wie oft stehen wir hilflos davor und finden keine Erklärung! Da gibt es keine Patentantworten und keine Trostrezepte. Wie oberflächlich, ja unbarmherzig können oft menschliche Trostworte sein – auch fromme!

Lesen Sie einmal den 73. Psalm. Da denkt der Beter über die leidvollen Führungen seines Lebens nach. Und darüber, dass es den Gottlosen oft besser geht als den Christen (was für viele Christen häufig eine ernste Anfechtung und quälendes Fragen bedeutet!). Er will begreifen und verstehen. Doch dann muss er bekennen:

»Aber es war mir zu schwer ...« (Vers 16). Jetzt bleibt er aber nicht im Grübeln, Zweifeln und Fragen stecken. Er flieht *zu* Gott. »Bis ich ging in das Heiligtum Gottes« (Vers 17).

Der Psalmbeter wechselt seinen Standpunkt. Ein Ortswechsel findet statt. Vom quälenden Drehen- um-sich-selbst wendet er sich Gott zu. Von dort, wo ihm nur Lebenskräfte abgezogen werden, wendet er sich an den Ort, wo ihm Kraft zufließt. Im Lichte der Ewigkeit erkennt er die Vorläufigkeit seines Leidens und zugleich die Vorläufigkeit des Glückes der Gottlosen. Er erkennt: Es ist nicht alles Gold, was ohne Gott glänzt. Es kommt eben auf das Ziel an.

Georg Neumark, 1621 geboren, reiste als 20-jähriger Student von Königsberg nach Kiel. Er hatte gerade das Geld, um sich an der Universität einzuschreiben. Unterwegs wurde er überfallen und ausgeplündert. Dazu war der Winter 1641 bitterkalt, hart und entbehrungsreich. In diesen leidvollen Monaten dichtete Neumark das tröstliche Kirchenlied: »Wer nur den lieben Gott lässt walten ...« Die Liedzeilen lassen etwas spüren von der überlegenen Gelassenheit eines Christen, der von seinem eigenen Leid wegblickt auf die Weite der Wege Gottes. »Denk nicht in deiner Drangsalshitze, dass du von Gott verlassen seist und dass ihm der im Schoße sitze, der sich mit stetem Glücke speist. Die Folgezeit verändert viel und setzet jeglichem sein Ziel.« Der Beter von Psalm 73 bringt sein Leid zu Gott. Hier gibt es eine Überwindung, die keine fromme Droge ist, kein schwärmerisches High-Gefühl. In der persönlichen Begegnung und im betenden Gespräch mit Gott bekommt er neue Zuversicht. Wer betet, bekommt Ordnung in sein Leben. Er verlässt seinen eigenen Standpunkt und begibt sich in die Nähe Gottes. Von hier bekommt er eine Zukunftsperspektive, die das Heute tragbar macht. Wo ich mein Leid zu Gott bringe, wird es vielleicht nicht erklärlicher, aber auf jeden Fall erträglicher. Der judäische König Hiskia hat in schwerer Stunde zu Gott gesagt: »Siehe, um Trost war mir sehr bange. Du aber hast dich meiner Seele herzlich angenommen, dass sie nicht verdürbe« (Jesaja 38,17). In Psalm 73 heißt es: »Dennoch bleibe ich stets an dir; denn du hältst mich bei meiner rechten Hand. Wenn mir gleich Leib und Seele verschmachtet, so bist du doch, Gott, allezeit meines Herzens Trost und mein Teil« (Verse 23 und 26).

Aus der anklagenden Frage *an* Gott wird ein betendes Gespräch *mit* Gott. Jetzt ist nicht mehr der Psalmist und sein Leid das Thema, sondern allein Gott. Es ist die Gewissheit, dass über allen Zweifeln und Fragen, über Leid und Tränen dennoch gilt: Jesus genügt!

Singen Christen immer Halleluja?

Oft können auch Christen in bestimmten Lebenssituationen nichts anderes sagen als »Kyrie eleison« – »Herr, erbarme dich!«. Es ist ein Irrtum, zu meinen, Christen hätten das Privileg, dauernd »Halleluja!« rufen zu können. »Es gibt in dieser Welt und auch in meinem Glaubensleben noch kein ungebrochenes Halleluja, sondern nur das Halleluja, das immer neu durchsetzt ist vom Kyrie eleison« (Kurt Heimbucher). Es ist schwärmerischer Schwachsinn, zu behaupten, wer als Christ Krankheit und Leid trägt, glaubt nicht richtig. Da gibt es Leute, die mit fromm-geschwellter Brust stolz verkünden: »Wer wirklich glaubt, der ist und wird nicht krank. Leid gibt es für ihn nicht.« Welch verantwortungslose Schwärmerei!

Wie viele engagierte Christen mit Breitenwirkung waren schwer leidende Menschen. Ich denke an Ludwig Hofacker. Der 1798 Geborene wurde *der* Erweckungsprediger des Schwabenlandes. Schwere Krankheiten schränkten seine theologische Arbeit immer wieder ein. Schon mit 30 Jahren starb er. Nur vier Jahre hat der schwer leidende Hofacker gepredigt. Je zwei Jahre in Stuttgart und in Rielingshausen bei Marbach. Nur

100 Predigten insgesamt! Aber die Menschen wanderten oft Stunden, um diesen Mann zu hören. Der süddeutsche Pietismus wäre ohne Ludwig Hofacker gar nicht zu denken. Das kurze, leidvolle Leben wurde für Unzählige zum Segen.

Martin Luther konnte einmal sagen: »Gott wird durch Krankheit oft mehr verherrlicht als durch die Gesundheit.« Auch er war oft und schwer krank. Aber Luther glaubte nicht, dass die Ursache dafür etwa Glaubensarmut sei. Als ob der, der genug Glauben hat, eine Gesundheitsgarantie besitzt! Auf der anderen Seite warnte Luther aber davor, Krankheiten einfach fatalistisch als blindes Schicksal hinzunehmen. Es ist und bleibt apostolischer Auftrag, Kranken die Hände aufzulegen (Markus 16,18). Gebet ist Christenpflicht. Aber es steht immer unter dem biblischen Vorbehalt: »Herr, nicht mein, sondern dein Wille geschehe.«

Pfarrer Paul Deitenbeck berichtete in hilfreicher Offenheit vom Sterben seiner erst zweijährigen Tochter. Das schrittweise Abschiednehmen von dem an Nierenschrumpfung leidenden Kleinkind dauerte 14 Monate. Wie groß muss die Qual für die Eltern gewesen sein. »Wir haben ihr durch einen gesegneten Mann die Hände auflegen lassen, und es ist viel gebetet worden für das Kind. Bis zuletzt haben wir mit einem Wunder Gottes gerechnet. Er aber hielt das Verwunden für richtiger als das Wunder.« Vielleicht war es gerade dieses Erleben, das Paul und Hilde Deitenbeck zum Segen für unzählige Leidende werden ließ.

Und das ist so viel wert in einer Zeit, wo Trauernde in die Todesanzeige drucken lassen: »Von Beileidsbesuchen bitten wir Abstand zu nehmen.« Weil man Angst hat vor den floskelhaften Trostworten, die angesichts der harten Sprache des Leides zu billig wirken. Leicht verfallen Christen dem Fehler, Leidende vorschnell mit Bibelzitaten trösten zu wollen, ohne ihre wirkliche Situation erst einmal zu erfassen. Solch unbarmherziges Vorgehen muss verbittern. »Seien wir vorsichtig, dass wir uns im Gespräch mit Leidenden nicht zu schnell in die Leidensgeschichte des anderen einmischen und zu deuten versuchen. Wir landen ganz schnell bei den Freunden Hiobs und reden viel und fromm daher« (Kurt Heimbucher).

Es gibt Menschen, die verbreiten durch ihren aufgesetzten Optimismus Entmutigung statt Ermutigung. Das schafft eine gnadenlose Atmosphäre. Nur erlittenes Leid führt zu erfahrener Tröstung. Und die darf ich dann weitergeben (2. Korinther 1,3ff.).

Kein Geringerer als der Völkerapostel Paulus hatte durch sein ganzes Leben eine Leidenslast zu tragen. Er spricht von einem »Pfahl im Fleisch« (2. Korinther 12). Immer wieder habe er

Gott angefleht, dieses Leid von ihm zu nehmen. Christus aber habe ihm geantwortet: »Lass dir an meiner Gnade genügen, denn gerade in deiner Schwachheit will ich mich mächtig erweisen« (2. Korinther 12,9).

Am Leben des Paulus können wir lernen: Sein Mut zur eigenen Schwachheit hat ihn ermutigt, anderen Menschen in ihrer Schwachheit Mut zu machen. Der Kirchenvater Augustin konnte sagen: »Gott erhört dich vielleicht nicht nach deinem Willen, aber er erhört dich zu deinem Heil.« Leidgeprüften Christen Glaubensmangel vorzuwerfen, das ist pharisäerhafte Arroganz. Der priesterliche und seelsorgliche Dienst an ihnen bedeutet, ihnen Mut zum Glauben zu machen, statt ihnen Mangel an Glauben vorzuwerfen.

Von der Bibel her müssen wir festhalten: Verfolgung und Leiden sind im Leben eines Christen etwas Normales und kein Betriebsunfall. Der Glaube an Christus bringt uns nicht in die sonnige Sphäre lachender Leidlosigkeit. Er heißt uns vielmehr, das Kreuz auf uns zu nehmen (Markus 8,34) und Christus ähnlich zu werden (Philipper 2,5). »Gottes Heiliger Geist führt uns tiefer in Christus hinein und nicht über Christus hinaus« (Hans von Keler). Schwärmerei ist purer Hohn auf die Leiden Christi!

Wie oft überfällt uns Christen Wehmut und Trauer. Leid und Schmerzen lassen Tränen fließen. Lassen Sie sich nicht einreden, derjenige wäre frömmer, der wenig Tränen weint. Es könnte gar das Gegenteil richtig sein. Denn Christen weinen nicht ins Leere hinein. Sie wissen um den, der einmal selber alle unsere Tränen abwischen wird: Jesus Christus (Offenbarung 21,4). Der große schwäbische Theologe Johann Albrecht Bengel sagte: »Christen, die nicht weinen und meinen, sie seien besonders glaubensstark, sollten sich nicht täuschen. Gott kann ihnen dann am Ziel nicht einmal die Tränen abwischen.«

Geborgen in Gottes Hand

Auch im Leid habe ich es noch mit Gott zu tun. Ich bin kein Spielball eines blinden Schicksals. Gottes Zusage gilt: »Fürchte dich nicht, denn ich habe dich erlöst; ich habe dich bei deinem Namen gerufen; du bist mein. Wenn du durchs Wasser gehst, will ich bei dir sein, dass dich die Ströme nicht ersäufen sollen; und wenn du ins Feuer gehst, sollst du nicht brennen und die Flamme soll dich nicht versengen« (Jesaja 43,1.2). Geborgen zu sein in der Hand Gottes, das gilt gerade dann, wenn uns das Wasser bis zum Halse steht und der Kummer uns verzehren will. »Nichts tröstet mächtiger als die Gewissheit, mitten im Elend von der Liebe Gottes umfangen zu sein« (Johannes Calvin). Unlängst las ich den tröstlichen Satz: »Auch Krankheit kommt aus Gottes Hand; aber Gott behält sie auch in der Hand.« Von den Aidlinger Diakonissen stammt das glaubensfrohe Lied: »Herr, weil mich festhält deine starke Hand, vertrau ich still.« Diese Gewissheit trägt durch. Auch dann, wenn ich zu schwach bin, die Hand Gottes überhaupt zu fassen. Aus einem Konzentrationslager ist uns dieses Gebet überliefert: »Wenn ich deine Hand nicht fassen kann, nimm die meine, du, in deine Hände. Nimm dich meiner Seele gnädig an, führe mich zum guten Ende.« Nicht in einer idyllischen Stunde am Schreibtisch, sondern in der Tiefe des Leides dichtet Dietrich Bonhoeffer, einer der Märtyrer des Dritten Reiches:

»Und reichst du uns den schweren Kelch,
den bittern,
des Leids gefüllt bis an den höchsten Rand,
so nehmen wir ihn dankbar ohne Zittern
aus deiner guten und geliebten Hand.
Von guten Mächten wunderbar geborgen
erwarten wir getrost, was kommen mag.
Gott ist mit uns am Abend und am Morgen
und ganz gewiss an jedem neuen Tag.«

In schweren Stunden konnte Bonhoeffer dieses Gedicht als Zeugnis christlicher Gelassenheit schreiben. Und ich frage Sie: Wenn man in einem solchen Gottvertrauen sein Leid durchstehen kann, wem anders als diesem Gott wollen Sie Ihr Leben dann anvertrauen? Leid durch Abschiednehmen – das trifft jeden von uns. Abschied von lieben Menschen, von der eigenen Gesundheit und Spannkraft, von den Kindern, ja eines Tages vom eigenen Leben. Da tröstet uns das Wort des Boner Theologieprofessors Theodor Christlieb, der einer der Väter der deutschen Gemeinschaftsbewegung ist: »Herr Jesus, von allem müssen wir einmal Abschied nehmen, nur nicht von dir.«

Wenn Diamanten funkeln sollen

Im Leid arbeitet Gott besonders an uns. Das ist oft schwer. Durch die Gottesebenbildlichkeit (1. Mose 1,27) ist der Mensch das wertvollste Geschöpf der ganzen Kreatur. Damit hat Gott uns zu Persönlichkeiten gemacht. Er redet zu uns in seinem Wort, der Bibel. Er lässt sich von uns im Gebet ansprechen. Er weiß, was gut für uns ist. Gott kümmert sich um uns, damit aus unserem Leben etwas wird. Jesus Christus sagt: »Ich lebe, und ihr sollt auch leben« (Johannes 14,19). So wertvoll achtet er uns!

Nehmen wir einmal etwas besonders Wertvolles: einen Diamanten. Roh aus dem Erdreich gebrochen, ist er ein unscheinbares Material. Erst durch Schleifen und Polieren wird aus ihm ein funkelnder Edelstein. Es muss hart an ihm gearbeitet werden, um ihm seinen echten Wert zu geben. Genauso arbeitet Gott an uns. Nicht um uns sadistisch zu quälen, sondern um aus uns etwas zu machen: profilierte Persönlichkeiten. Ein Autoreifen hat erst dann seine bei Aquaplaning lebensrettende Bodenhaftung, wenn das Profil gut ist. Die tiefen Kerben in das Reifengummi sind keine Materialzerstörung, sondern geben ihm erst seinen richtigen Wert.

Die Bibel gebraucht das Bild vom Töpfer und dem Ton. Gott formt uns nach seinen Vorstellungen. Das mag uns dann und wann wehtun, gibt aber unserem Leben Profil. Ton in der Hand des Töpfers (Jesaja 45,9; 64,7; Jeremia 18,6) heißt: Gott erzieht uns, damit aus uns etwas wird (Hebräer 12,4-11). Wer ein Leben mit Profil haben will, muss sich Gottes Einschnitte gefallen lassen. Die oft wehe »Schule des Leides« lässt unser Leben reifen. Da wir das Leid aber meist nur negativ empfinden und die Pädagogik Gottes darin nicht sehen, lehnen wir uns gegen Gott auf, anstatt von Gott zu lernen. Darum haben wir heute so wenig Bodenhaftung im Glauben. Darum werden wir dauernd von jedem Wind der Lehre (Epheser 4,14) aus der Bahn geworfen.

Christus will aber, dass wir tief verwurzelt sind in ihm. Denn je tiefer unsere Wurzeln sind, desto standfester ist unser »Lebensbaum« in den Stürmen der Alltagssorgen. Festigkeit im Glauben und Verwurzeltsein in Christus gehören zusammen (Kolosser 2,6.7). Wie bekommt eine Pflanze tiefe Wurzeln? In Israel beobachtete ich es in einem Hain junger Palmen. Die zierlichen Pflänzchen hatten alle einen Stein in der kleinen Baumkrone. Sie sollen am schnellen Hochwachsen gehindert werden. Erst sollen die Wurzeln treiben. Welch ein Bild für unser Leben!

Gott legt uns manchmal Lasten auf. Nicht um

uns zu quälen, sondern um uns festzuwurzeln im Vertrauen auf ihn. Damit die Stürme des Lebens uns nicht umwerfen können und wir das Ziel verfehlen. Gott hat nur ein Ziel mit uns: Dass wir eines Tages bei ihm in der Ewigkeit ankommen. Dahin will er uns ziehen, in Liebe und in Leid. »Bald mit Lieben, bald mit Leiden, kamst du Gott, mein Herr, zu mir.«

Reif werden durch Leiden für die Ewigkeit, dahinter steckt ein tiefes Geheimnis. »Wir sind nicht umsonst in diese Welt gesetzt. Wir sollen hier reif werden für eine andere Welt« (Matthias Claudius). Deshalb ist es keine weltfremde Sentimentalität, wenn wir Gott im Lied bitten: »Führ uns durch das Tränenfeld in das Land der süßen Wonne.« Oft ist es so, dass Gott nimmt, damit er Größeres schenken kann.

Unsere Grundhaltung ist entscheidend. Ob wir uns nämlich als Kinder Gottes verstehen und ihn Vater sein lassen. Dann dürfen wir erkennen: Gott ist immer positiv. Alles, was er mit uns vorhat, hat einen positiven und helfenden Sinn. Man muss nur bereit sein, seine Wege mitzugehen. »Leute, die in ewiger Opposition leben, kommen nie dahinter, welche Absichten Gott mit ihnen verfolgt, und tragen obendrein dazu bei, sie zu durchkreuzen« (Thielicke).

Auge in Auge mit Jesus

Situationen schweren Leides sind nur zu ertragen, wenn wir in engem Kontakt zu Christus und zu Christen leben. Wer im Aufblick zu Gott sein Leid erduldet, der kann auch anderen stützende Hilfe sein. Der Dichter Gottfried Benn schreibt: »Mit dem Rücken an der Wand im Gram der Müdigkeit, im Grau der Leere, wenn sie nichts mehr haben, dann lesen sie Hiob und Jeremia. Und dann halten sie aus.« Der Blick auf Menschen, die ihre Leidensgeschichte mit Gott hatten, kann eine große Ermutigung sein. Viel mehr aber der Blick auf Jesus Christus, der wie kein anderer sein Leid um Gottes willen trug.

Am 10. Dezember 1942 schreibt Jochen Klepper als letzten Eintrag in sein Tagebuch: »Nachmittags die Verhandlung auf dem Sicherheitsdienst. Wir sterben nun. Ach, auch das steht bei Gott. Heute Nacht gehen wir gemeinsam in den Tod. Über uns steht jetzt, in der letzten Stunde des Leidens, das Bild des segnenden Christus, der um uns ringt. In dessen Anblick endet unser Leben.« Wer Auge in Auge mit Jesus lebt, der darf auch im Leid mit seiner Gegenwart und Hilfe rechnen.

Im Anblick Jesu leben heißt: im Gebet leben. Beten richtet auf. Beten lässt aufatmen, weil es entlastet. Leid bringt Unruhe ins Leben, Beten schafft inneren Frieden. Kummer verliert schon dort einen Teil des Druckes, wo ich ihn im Gebet vor Gott beim Namen nenne. Im Blick auf Jesus fällt Licht in mein dunkles Lebenslabyrinth. Wir dürfen ihn in unsere Leidenssituation hineinrufen. Sein Nahesein schenkt uns das tröstende Wort: »Fürchte dich nicht« (Klagelieder 3,55-57).

Im Anblick Jesu leben heißt auch: In seiner Gemeinde leben. Dort zu sein, wo Brüder und Schwestern tragen helfen durch Wort und Tat. Und durch ihr Gebet. Da, wo Glaube und Hoffnung zu schwinden drohen, sind es oft unsere Mitchristen, die uns wieder aufhelfen. »Darum braucht der Christ den Christen, der ihm Gottes Wort sagt ...; denn aus sich selbst kann er nicht helfen. Der Christus im eigenen Herzen ist schwächer als der Christus im Worte des Bruders« (Dietrich Bonhoeffer). Ein äthiopisches Sprichwort sagt: »Das Wort, das dir hilft, kannst du dir nicht selber sagen.«

Wenn jemand krank ist – so empfiehlt der Jakobusbrief (5,14) –, dann rufe er Mitchristen, die mit ihm und für ihn beten. Betende Hände sind zupackende Hände. Sie geben nicht auf, auch nicht im Leid. Martin Luther bekennt in einem Brief an Melanchthon nach einer kritischen Krankheitswoche: »Als hätte ich fast den ganzen Christus verloren, wurde ich von Sturm und Wellen der Verzweiflung und der Lästerung gegen Gott hin und her geworfen. Aber durch die Bitten der Heiligen bewegt, hat Gott begonnen, sich meiner zu erbarmen.« Die Gebete der Heiligen, also der Mitchristen können unserer dunklen, vielleicht gebetslosen Leidensnacht Licht bringen.

Wohl dem, der im Leid Menschen des kindlichen Gebets und des göttlichen Trostes um sich hat! Menschen, die mitleiden, mittragen, Fürbitte üben und das helfende Wort im rechten Augenblick haben. Die einen auch schweigend spüren lassen: Ich bin bei dir. Diese oft nur kleinen Hilfestellungen können für den Leidenden Etappen des Trostes bedeuten. Etappen auf dem Weg zu neuem Lebensmut.

Eine schwerkranke Frau berichtet: »Das ist und bleibt meine Zuversicht: Ich bin in Gottes Hand geborgen. Nicht dass damit alle meine Belastungen aufhören, die den Weg so mühsam machen; auch meine Krankheit ist nicht weggenommen; auch meine Fragen sind nicht alle beantwortet oder meine Anfechtungen weggeblasen. Nein, aber wenn ich so Gottes Zuspruch erfahren habe – oft durch einen Menschen, durch einen Brief, durch ein Wort der Bibel, einen Telefonanruf oder eine Sendung des Evangeliums-Rundfunks –, dann kann ich wider Erwarten getrost dem nächsten Tag entgegensehen. Ich habe entdeckt, dass die Belastungen tragbar werden, weil ich weiß: Das, was ich jetzt erlebe und erleide, ist nicht alles. Gott hält mehr zum Heil und zum Leben für mich bereit.«

Ein Christ in mittleren Jahren wird nicht damit fertig, dass seine Frau durch einen Operationsfehler der Ärzte so jäh verstarb. »Warum musste das gerade bei meiner Frau passieren?« Wie oft, so berichtet er, habe er mit Gott gehadert. »Gewiss, man sagt sich immer wieder: Der Herr macht keine Fehler, und was auch geschieht, es wird von ihm zugelassen. Aber, wenn es dann so weit ist, wird's doch schwer.« Über der quälenden Warum-Frage und dem Schmerz kommt er in die Nähe der Schwermut. Isoliert frisst er sein Leid in sich hinein. Aber: Allein geht man ein. Erst die bewusste Hinwendung zur Gemeinde, zu Gottesdienst und Männerkreis, brachte ihn in die Nähe Gottes, in die Nähe echten Trostes, weil es die Nähe tröstender Menschen war. Im Anblick Jesu leben heißt auch, das Wort Gottes immer wieder um Rat und Trost zu fragen; unser Leid mit dem Wort der Bibel zu konfrontieren (Psalm 119,50). »Das scheinbar sinnlose Leid bekommt Sinn und heiligende Kraft, wenn wir Christus in seinem Wort begegnen« (Bodelschwingh). Prägen wir uns Kernworte der Bibel ein. Das ist eine eiserne Ration für schwere Zeiten. Sie helfen uns, über alle Stimmungen, Gemütszustände und Depressionen hinweg an der Güte Gottes festzuhalten. Worte der Bibel können so zu heilender Medizin werden, weil es nicht Menschen, sondern Gottes Tröstungen sind (Psalm 94,19).

Wie viel Zuspruch und Trost finden wir in der Bibel! Hier nur einige Kernworte: Psalm 91,11.12; Jesaja 12,2; Matthäus 11,28.29; Hebräer 13,5.

Der bekannte Liederdichter Paul Gerhardt geriet in schweres Leid. Während des 30-jährigen Krieges verlor er innerhalb von zwei Wochen vier Angehörige: seine Frau und drei Kinder. Gerade durch die Schwere dieses Schlages wurde ihm ein Lied geschenkt, das wir sonst nicht hätten. Unzählige Menschen hat es seitdem getröstet. Ein heller Triumphgesang mitten im Dunkel des Leides:

»Warum sollt ich mich denn grämen?
Hab ich doch Christum noch,
wer will mir den nehmen?
Wer will mir den Himmel rauben,
den mir schon Gottes Sohn
beigelegt im Glauben?«

Auch die Liederdichterin Julie Hausmann spendete Trost für Millionen. Ihr Lied ging um die Welt. Nicht frohe Stunden des Halleluja, sondern das leidgeprüfte Stoßgebet »Kyrie eleison« machte diese Strophe möglich.

»Wenn ich auch gar nichts fühle
von deiner Macht,
du führst mich doch zum Ziele
auch durch die Nacht.
So nimm denn meine Hände
und führe mich
bis an mein selig Ende
und ewiglich.«

Selig sind, die nicht fühlen, und doch glauben. Die mitten im Leid den Anblick Jesu suchen. Gefühle sind keine Gradmesser für den Glauben. Glauben heißt: Ich *vertraue* mich Jesus Christus an und *weiß,* dass diese Lebensverbindung auch dann trägt, wenn ich nicht mehr Halleluja sagen kann.

Überraschende Prozesswende

Wie kann Gott das Leid eigentlich zulassen? Wie kann er uns all das aufbürden? Wie kann er über uns zu Gericht sitzen, wo wir auf dieser Erde so viel Kummer und Not ertragen müssen? Es gibt eine Geschichte, die mir zur Beantwortung dieser Frage geholfen hat:

Am Ende der Zeiten versammeln sich Millionen Menschen vor dem Thron Gottes. Die einen schauen ängstlich in das gleißend-helle Licht. Andere kümmert das alles nichts. Sie stehen in Gruppen zusammen und diskutieren hitzig miteinander. Sie haben nur ein Thema: Wie kann Gott das Leid zulassen, das die Menschen jetzt im Lebensrückblick so aufgehäuft und erdrückend sehen. »Das soll ein Gott der Liebe sein?! Wie kann er über uns zu Gericht sitzen? Was versteht er schon von unserem Leid? Hat der denn jemals leiden müssen?«, faucht eine alte Frau mit schneidender Stimme. Sie zieht ihren Ärmel hoch und zeigt auf die eintätowierte Nummer eines Konzentrationslagers.

Ein farbiger junger Mann öffnet aufgeregt seinen Hemdkragen: »Schaut euch das an«, fordert er die Umstehenden auf und zeigt seine Wundmale am Hals, Male eines Strickes. »Gelyncht haben sie mich, nur weil ich schwarz bin und nicht weiß. In Sklavenschiffe hat man uns verschleppt. Von unseren Liebsten wurden wir getrennt. Wie Tiere mussten wir arbeiten. Soll das ein Gott der Liebe sein?« Ein junges Mädchen starrt still und teilnahmslos vor sich hin. Auf ihrer Stirn das Wort zu lesen: »Unehelich.«

Überall kommt jetzt ärgerliche Stimmung auf. Die Leute sind empört. Und jeder richtet seine Klage gegen Gott, weil er das Böse, das Leid, das Unrecht in der Welt zugelassen hat. Das will ein Gott der Liebe sein ... »Wie gut hast du es doch, Gott«, sagen sie alle. »Wie gut hast du es in deinem Himmel in all der Schönheit und Helligkeit. Bei dir gibt es keine Tränen, keine Angst, keinen Hunger, keinen Hass, kein Leid. Ja, du hast es gut. Aber wir? Kannst du dir überhaupt vorstellen, was der Mensch auf der Erde alles erdulden muss? Was es heißt, Leid zu ertragen und Tränen zu weinen? Schließlich führst du, Gott, doch ein behütetes und beschauliches Dasein ...« So reden die Leute vor dem Thron Gottes. Und plötzlich hat jemand eine Idee: »Wir wollen Gott den Prozess machen. Wir wollen ihn verurteilen.« Jede der Gruppen wählt sich einen Sprecher. Es ist immer derjenige, der in seinem Leben am meisten gelitten hat. Da ist ein Jude, ein Schwarzer, eine uneheliche Tochter, ein Unberührbarer aus Indien, ein entstellter Leprakranker, ein Bombenopfer, ein Gefolterter aus den Arbeitslagern Sibiriens ... Sie alle diskutieren aufgeregt miteinander. Und dann sind sich alle mit der Formulierung der Anklage gegen Gott einig: Bevor Gott das Recht hat, über uns zu Gericht zu sitzen, soll er erst mal ertragen, was wir Menschen auf Erden an Leid erdulden mussten. Gott soll dazu verurteilt werden, auf dieser Erde zu leben. Als Mensch.

Weil Gott aber Gott ist, stellen die Menschen in ihrem Prozess bestimmte Bedingungen: Er soll keine Möglichkeit haben, sich aufgrund seiner göttlichen Natur selbst zu helfen. Er soll als Jude geboren werden. Damit soll er sehen, wie das ist, als Jude leben zu müssen. Die Legitimität seiner Geburt soll zweifelhaft sein. Unehelich im weltlichen Recht soll er geboren werden. Niemand soll wissen, wer eigentlich sein Vater ist. Als ein solcher Mensch soll er versuchen, seinen Mitmenschen zu erklären, wer Gott ist. Ja, er soll mit dem Anspruch auf die Erde kommen, selber Gott zu sein. Von seinen engsten Freunden soll er schließlich verraten werden, nachdem er nun drei Jahrzehnte unter Entbehrungen, Verfolgung, Hunger und Anfechtungen gelebt hat. Mit falschen Anschuldigungen soll ihm der Prozess gemacht werden.

Ja, die Leute vor dem Thron Gottes übertrumpfen sich förmlich gegenseitig mit Vorschlägen, wie man Gott bestrafen soll. Schließlich soll er ja das erleiden, was ihnen in ihrem Leben widerfahren ist. Und zwar in geballter Form. Sein Prozess soll mit falschen Anschuldigungen geführt werden. Von einem voreingenommenen Gericht soll er verhört werden. Ein feiger Richter soll ihn aburteilen. Er soll erfahren, was es heißt, von allen Menschen verlassen und total einsam und hilflos zu sein. Er soll brutal gequält werden und dann grausam sterben. Und das in aller Öffentlichkeit. Eine Menge von Zeugen soll dabei sein; lachend, spottend, höhnend.

Die Menschen vor dem Thron Gottes sind sich einig: Gott soll auf der Erde alles das erleiden, was ihnen in der Zeit ihres Lebens widerfahren ist. Jeder der Sprecher verkündet sein Urteil gegen Gott. Hart und erbarmungslos. Ein Prozess ohne Gnade.

Und während ein Urteilspruch nach dem anderen vorgetragen wird, geht plötzlich ein Raunen durch die Menge. Als der Letzte sein Urteil fällt, wird es ganz still. Ein großes Schweigen macht sich breit. Ein betretenes Schweigen. Eine Stecknadel könnte man fallen hören. Alle, die Gott so grausam verurteilt haben, senken ihre Köpfe. Beschämt und erschüttert wenden sie sich ab. Keiner wagt mehr zu sprechen. Plötzlich weiß jeder dieser Leute, um was es hier geht. Jedem ist klar: Gott hat die Strafe ja schon längst auf sich genommen. Das Urteil hat er ja schon längst getragen.

Jesus kam in diese Welt. Als Sohn Gottes wurde er geboren. Von einer Jungfrau in einem ärmlichen Stall. Jesus, als Jude geboren, in den Dreck der Welt gekommen. Er behauptete, Gottes Sohn zu sein. Aber die Menschen haben ihn verkannt, verlacht, verspottet und schließlich verurteilt. Jesus, in den letzten Stunden seines Lebens einsam, total verlassen, gequält und gemartert. Alles, was man sich an Leid und Ungerechtigkeit vorstellen kann, ist zusammengeballt auf diesen Einen.

Plötzlich wurde allen klar, die den angeblich so grausamen und selber leidlosen Gott verurteilen wollten: Das Urteil ist ja bereits vollzogen. Gott hat das Leid bereits ertragen. Am eigenen Körper hat er es durchgemacht. In der Person seines Sohnes Jesus Christus. Wir brauchen Gott gar keinen Prozess mehr zu machen. Das Urteil ist bereits gefällt. Und es ist ein Urteil zu unseren Gunsten: »Fürwahr, er trug unsere Krankheit und lud auf sich unsere Schmerzen. Wir aber hielten ihn für den, der geplagt und von Gott geschlagen und gemartert wäre. Aber er ist um unserer Missetat willen verwundet und um unserer Sünde willen zerschlagen. Die Strafe liegt auf ihm, auf dass wir Frieden hätten, und durch seine Wunden sind wir geheilt« (Jesaja 53,4.5).

Gott beweist seine Liebe zu uns dadurch, dass Christus für uns gestorben ist (Johannes 3,16;

Römer 5,8). Das Ja Gottes zu unserem Leben können wir nicht an Gesundheit und Wohlbefinden ablesen, sondern allein am Kreuz Jesu Christi. Gott hat seinen Sohn nicht geschont, um uns zu schonen. Sein Leid macht uns nicht leidfrei, aber leidensfähig. Paulus konnte sagen, dass selbst die Tiefe menschlichen Leidens uns von dieser unendlichen Liebe Gottes nicht scheiden kann (Römer 8,35). »Es gibt ein verbreitetes Missverständnis, als ob Leiden einen Sinn hätte. Nein, es ist sinnlos. Nur ein Leiden in der Welt ist sinnvoll, das Sterben Jesu am Kreuz« (Winrich Scheffbuch).

Unter diesem Kreuz von Golgatha kann ich meine Lasten ablegen. Hier finde ich Kraft, mein Leid zu tragen. Deshalb verstehe ich den früheren ZDF-Sportchef Dieter Kürten, der einmal sagte: »Am liebsten stehe ich unter dem Kreuz.« Wo wollen wir denn sonst stehen, wenn uns Leid und Trauer die Luft zum Atmen nehmen wollen?! »Jesu Brüder, das sind die, die auch schwere Lasten tragen können, weil sie sie niederlegen unter Christi Kreuz« (Bodelschwingh). Im Anblick des für uns leidenden Christus werden Kräfte aus der Ewigkeit freigesetzt, die uns aufhelfen können. »Die Last der irdischen Leiden wird nur leicht, wenn wir unsere Gedanken auf die Ewigkeit richten« (Calvin).

Gott hilft uns nicht immer am Leiden vorbei,

aber er hilft uns hindurch. Ihm kann ich vertrauen, weil er zu seiner Verheißung steht: Durch das Leid dieser Welt hindurch darf ich ankommen in seiner ewigen Welt. Dort »wird Gott abwischen alle Tränen von ihren Augen und der Tod wird nicht mehr sein, noch Leid noch Schmerz wird mehr sein« (Offenbarung 21,4). »Wenn man das Ende nicht sieht, so ist alles Leiden unerträglich« (Luther). Christen wissen, dass sie auf Gottes Zusage trauen können. Vertrauen heißt denn auch: Ich lerne es, mit Fragen zu leben, auf die ich auf dieser Erde keine Antwort finde. Nicht alle unsere Wünsche erfüllt Gott, aber alle seine Verheißungen« (Bonhoeffer).

In Neuguinea kann man auf den christlichen Friedhöfen eine interessante Entdeckung machen: Die Grabkreuze haben auf der Querlatte viele kleine Kreuze. Warum? Das große Kreuz Jesu Christi trägt die vielen kleinen Kreuze menschlichen Leidens.

Trost im Leid

Da ist eine junge Familie. Zwei prima Jungen, fünf und acht Jahre alt. Sie verehren ihre Mutter und himmeln ihren Vater an. Der strotzt vor Gesundheit und Kraft. Überall packt er mit an, wo in der Gemeinde Hilfe gebraucht wird. Jesus steht im Mittelpunkt dieser Familie.

Da trifft es sie alle wie ein Schlag: Der Vater muss ins Krankenhaus. Die Diagnose ist erschütternd. Kinderlähmung; und das mit 34 Jahren. Um die Heilungschancen steht es schlecht. Aber die Familie weiß, woher sie jetzt in all dem Leid Kraft bekommen kann. Sie weiß, dass gerade jetzt Jesus für sie da ist.

Nach Monaten steht der Vater wieder auf, verlässt das Krankenhaus und kommt nach Hause. Äußerlich ist er nicht mehr der Alte. Ein Bein zieht er nach. Aber innerlich hat sich nichts geändert. Sein Glaube ist felsenfest gegründet, weil er erfahren hat: »Die auf den Herrn harren, kriegen neue Kraft« (Jesaja 40,31). Für die ganze Gemeinde, den ganzen Ort, für Familie und Arbeitsplatz wird dieser Mann ein Glaubenszeugnis. Und es ist die gesunde Frau, die sich immer wieder am Glaubensmut ihres kranken Mannes aufrichtet. Wie oft kann er bekennen: »Dazu hat uns

Gott das Leid geschickt, dass wir im Vertrauen auf ihn gefestigt werden.«

Aber dann kommt der nächste Schlag: Gehirntumor. Woran soll man sich denn jetzt noch halten? Wie kann Gott das nur zulassen? »Herr, wenn du willst, dann kannst du Vati wieder gesund machen«, beten die beiden prächtigen Jungen in kindlichem Vertrauen. Und dann steht die kleine Familie um das Sterbebett ihres Vaters und Ehemannes. Da liegt er bleich in den weißen Kissen, der einmal vor Kraft nur so strotzte. Dessen Lebenslust so ansteckend und mutmachend war. Und jetzt bekommt er kein Wort mehr heraus. Die Lähmung hat eingesetzt. Bei klarem Verstand. Ein Bild des Jammers!

Doch da schlägt der 34-jährige Familienvater, dessen blühendes Leben jetzt qualvoll zu Ende geht, noch einmal die Augen auf. Er sieht sie der Reihe nach an: die weinende Frau, die schreckerstarrten Kinder. Und dann beginnt er zu murmeln. Ganz leise und kaum verstehbar. Es sind drei Zahlen: 297. Fragend und ratlos sehen sie sich an. »2-9-7...«, flüstert der Vater. Dann schließt er die Augen. Die Angehörigen schlagen das Gesangbuch auf: 297. Und mit tränenerstickter Stimme liest die junge Mutter am Sterbebett ihres lieben Mannes das Lied von Paul Gerhardt:

»Warum sollt ich mich denn grämen?
Hab ich doch Christum noch,
wer will mir den nehmen?
Wer will mir den Himmel rauben,
den mir schon Gottes Sohn
beigelegt im Glauben?«

Wenn der Himmel vor uns liegt, dann ist die Sterbestunde nur Abschiednehmen bis zum Wiedersehen. Hinter uns liegt nicht das Leben, bis der Tod allem ein Ende setzt. Der Tod liegt hinter uns und das Leben vor uns, weil Jesus Christus dem Tode die Macht genommen hat und uns ewiges Lebens schenkt.
Eine große Trauergemeinde hat sich auf dem Friedhof eingefunden. Sie alle hat das Schicksal dieser jungen Familie tief getroffen. Am offenen Grab singt noch einmal der Jugendchor, den der so früh Verstorbene lange geleitet hat. Die Witwe hat sich ein Lied gewünscht, das als Zeuge lebendigen Glaubens angesichts des Todes alle bewegt:

»Erscheinen meines Gottes Wege
mir seltsam, rätselhaft und schwer,
und gehen Wünsche, die ich hege,
still unter in der Sorgen Meer:
Will trüb und schwer der Tag verrinnen,
der mir nur Schmerz und Qual gebracht,

so darf ich mich auf eins besinnen:
dass Gott nie einen Fehler macht!

Wenn über ungelöste Fragen
mein Herz verzweiflungsvoll erbebt,
an Gottes Liebe will verzagen,
weil sich der Unverstand erhebt,
dann darf ich all mein müdes Sehnen
in Gottes Rechte legen sacht
und leise sprechen unter Tränen:
dass Gott nie einen Fehler macht.

Drum still mein Herz und lass vergehen,
was irdisch und vergänglich heißt,
im Lichte droben wirst du sehen,
dass gut die Wege, die er weist.
Und müsstest du dein Liebstes missen,
ja ging's durch kalte, finstre Nacht,
halt fest an diesem sel'gen Wissen:
dass Gott nie einen Fehler macht!«

(1943 in Stalingrad gedichtet)

Weitere Erfolgstitel von Peter Hahne bei Johannis:

Peter Hahne
Schluss mit lustig
Bestell-Nr. 05180
144 Seiten
Hardcover, 11 x 18 cm (Blockformat)
€ 9,95
ISBN 978-3-501-05180-1

Peter Hahne
Mut für heute
– für 366 Tage
Bestell-Nr. 02302
400 Seiten
Flexcover, 11 x 18 cm (Blockformat)
€ 12,95
ISBN 3-501-02302-2

Peter Hahne
Worte für heute
– für 366 Tage
Gebundene Ausgabe, 400 Seiten
Format 7,9 x 10,7 cm, Lesebändchen
Bestell-Nr. 02332
ISBN 3-501-02332-4
€ 9,95